Athanase ZOGO

SERVITEUR DE DIEU

Athanase ZOGO

SERVITEUR DE DIEU

UNE MISSION EN 3D

Éditions Croix du Salut

Imprint
Any brand names and product names mentioned in this book are subject to trademark, brand or patent protection and are trademarks or registered trademarks of their respective holders. The use of brand names, product names, common names, trade names, product descriptions etc. even without a particular marking in this work is in no way to be construed to mean that such names may be regarded as unrestricted in respect of trademark and brand protection legislation and could thus be used by anyone.

Cover image: www.ingimage.com

Publisher:
Éditions Croix du Salut
is a trademark of
Dodo Books Indian Ocean Ltd. and OmniScriptum S.R.L publishing group

120 High Road, East Finchley, London, N2 9ED, United Kingdom
Str. Armeneasca 28/1, office 1, Chisinau MD-2012, Republic of Moldova, Europe
Managing Directors: Ieva Konstantinova, Victoria Ursu
info@omniscriptum.com

Printed at: see last page
ISBN: 978-620-6-16945-1

SERVITEUR DE DIEU

UNE MISSION EN 3D

Ev. ATHANASE ZOGO
JERUSALEM MISSION EVANGELIQUE - JME

Sommaire

Introduction : La Mission du Serviteur

Dans la vie chrétienne, le terme « serviteur de Dieu » résonne comme un appel divin à une mission sacrée, empreinte de responsabilité et d'humilité. C'est une vocation qui dépasse les simples actes de service ou d'aide ; elle implique un engagement total à suivre le Christ, un désir ardent de refléter son amour et ses enseignements dans chaque aspect de notre vie. Être un serviteur de Dieu, c'est se mettre à son service, mais aussi au service des autres, en devenant un instrument de sa grâce et de sa vérité dans un monde souvent troublé et désemparé.

Ce livre explore cette mission à travers trois dimensions fondamentales : **la dévotion, la délicatesse** et **la dangerosité**. Ces trois aspects ne sont pas seulement des qualités que l'on doit cultiver, mais des éléments indissociables de la mission elle-même. Être serviteur de Dieu ne se limite pas à accomplir des tâches pour lui, mais implique un engagement profond et intime dans notre relation avec Lui, un reflet de Sa bienveillance et de Sa miséricorde envers les autres, ainsi qu'une acceptation des défis et dangers inhérents à la mission chrétienne.

La Dévotion : Le Cœur du Serviteur !

La dévotion est le fondement de toute mission chrétienne. Un serviteur de Dieu commence par un acte radical de soumission à Dieu, une dévotion totale qui se traduit par une relation intime avec Lui. Cette relation s'approfondit à travers la prière, la méditation de la Parole et l'écoute attentive de sa volonté. La dévotion n'est pas une simple pratique extérieure, mais un état d'esprit et de cœur, un désir constant de plaire à Dieu et de suivre ses enseignements. C'est cet amour et cette obéissance qui permettent au serviteur de Dieu de trouver la direction dans sa mission.

La Délicatesse : Servir avec Amour et Compassion

Être un serviteur de Dieu ne signifie pas seulement accomplir des tâches difficiles ou imposantes ; c'est aussi agir avec douceur et sensibilité, particulièrement face à la souffrance et aux faiblesses humaines. La délicatesse se manifeste dans la manière dont un serviteur de Dieu traite les autres : avec respect, patience et compassion. Le serviteur doit posséder une capacité à comprendre et à répondre aux besoins des autres, non seulement sur le plan physique, mais aussi spirituel et émotionnel. C'est par cette délicatesse qu'il incarne l'amour du Christ, un amour inébranlable et sans condition.

La Dangerosité : Le Sacrifice et les Défis du Service

Être serviteur de Dieu implique également de comprendre que cette mission comporte des risques. Servir Dieu dans un monde marqué par l'opposition, l'injustice et la souffrance, c'est s'exposer à des dangers, tant spirituels que physiques. La mission du serviteur n'est pas sans sacrifices : il peut rencontrer la persécution, les épreuves, voire la perte de confort personnel. Mais ces dangers ne sont pas seulement des obstacles à surmonter, ils sont une partie intégrante du cheminement chrétien. Tout comme Jésus a souffert pour accomplir la volonté de Dieu, le serviteur de Dieu peut être appelé à se sacrifier pour sa mission.

À travers ce livre, nous explorons ces trois dimensions de la mission divine du serviteur. Nous découvrons comment la dévotion, la délicatesse et la dangerosité sont interconnectées, et comment elles définissent non seulement la nature de notre service à Dieu, mais aussi la façon dont nous agissons et réagissons dans le monde. Un serviteur fidèle de Dieu ne craint ni la souffrance, ni l'adversité, mais marche avec foi, amour et dévouement, sachant que sa mission, aussi difficile soit-elle, est une part du plan divin pour le salut du monde.

L'appel à être un serviteur de Dieu est un appel radical, transformateur et joyeux. Que ce livre soit une inspiration pour chaque lecteur à répondre à cet appel avec tout son cœur, son âme et ses forces.

Partie 1 : La Dévotion

La dévotion est la base essentielle de la mission du serviteur de Dieu. Sans elle, la mission perd son sens et sa profondeur. La dévotion n'est pas simplement une activité spirituelle ou une série de rites à accomplir ; elle est un engagement du cœur, une relation intime avec Dieu, qui transforme toute notre vie. C'est par la dévotion que le serviteur de Dieu trouve sa direction, sa force et son but. Dans cette partie, nous explorons comment la dévotion se manifeste à travers quatre aspects fondamentaux : **l'obéissance, la prière et l'adoration, l'étude de la Parole de Dieu** et **une vie vécue dans l'amour et le service quotidien.**

Chapitre 1 : La Dévotion, Un Appel à l'Obéissance

L'obéissance à Dieu est la première et la plus fondamentale des manifestations de la dévotion. Dans la vie chrétienne, la dévotion ne se limite pas à des gestes religieux extérieurs ou à des rituels ; elle est, avant tout, une soumission totale à la volonté divine. Un serviteur de Dieu est avant tout un disciple, quelqu'un qui suit l'exemple du Christ et obéit à la voix de Dieu, même dans les moments difficiles. L'obéissance, en effet, est l'expression la plus pure de l'amour que nous portons à Dieu, car elle témoigne d'une confiance totale en Sa sagesse et en Son plan pour notre vie.

L'Obéissance : La Base de la Relation avec Dieu

Dans les Écritures, l'obéissance à Dieu est mise en avant comme le fondement d'une véritable relation avec Lui. Jésus lui-même a clairement exprimé que l'obéissance à Dieu est la preuve de notre amour pour Lui : « Si vous m'aimez, vous obéirez à mes commandements » (Jean 14, 15). Ces paroles résonnent comme un appel à une obéissance sincère et totale, non seulement dans les moments où c'est facile, mais aussi dans les moments où la volonté de Dieu semble difficile ou même contradictoire à nos désirs personnels.

L'obéissance, loin d'être une contrainte ou une servitude, devient une source de liberté et de paix. L'homme est créé pour vivre en harmonie avec la volonté divine, et c'est en se soumettant à Dieu qu'il trouve la plénitude de sa vocation et le sens profond de sa vie. En obéissant, nous nous alignons avec le plan divin, et nous découvrons un chemin de vie qui dépasse nos propres attentes et limites.

Le Modèle d'Obéissance Suprême : Jésus-Christ

Le plus grand modèle d'obéissance est Jésus-Christ Lui-même. Fils de Dieu, parfait et sans péché, Il a choisi, par amour pour Son Père et pour l'humanité, de s'abaisser et d'obéir à la mission divine, même lorsqu'elle impliquait la souffrance, l'humiliation et la mort sur la croix. Dans l'évangile de Matthieu, nous lisons que Jésus a prié dans le jardin de Gethsémané, disant : « Mon Père, si cela est possible, que cette coupe s'éloigne de moi ; cependant, non pas comme je veux, mais comme tu veux » (Matthieu 26, 39). Cette prière résume l'essence de l'obéissance : une soumission complète à la volonté de Dieu, même dans l'angoisse et l'incertitude.

L'obéissance de Jésus nous montre que, parfois, obéir à Dieu peut exiger des sacrifices et des renoncements. Cependant, dans chaque acte d'obéissance, il y a une promesse de bénédiction et de réalisation du plan divin. Jésus n'a pas seulement obéi par devoir, mais par amour et par confiance totale en la sagesse et la bonté de Son Père. Le serviteur de Dieu est appelé à imiter ce modèle, en mettant de côté sa volonté propre pour accomplir la volonté de Dieu, avec la même foi et le même amour.

L'Obéissance dans la Vie du Serviteur de Dieu

Pour le serviteur de Dieu, l'obéissance n'est pas un acte ponctuel, mais un choix quotidien. Chaque jour, le serviteur doit se soumettre à la direction de Dieu, que ce soit dans les petites choses ou dans les grandes décisions de la vie. Cela implique d'écouter attentivement la voix de Dieu, que ce soit par la prière, la méditation de la Parole ou le discernement dans la communauté chrétienne.

L'obéissance dans la vie du serviteur se manifeste par sa disponibilité à faire ce que Dieu lui demande, même lorsqu'il ne comprend pas entièrement la raison de certaines épreuves ou tâches. Parfois, cela signifie accepter des missions qui semblent difficiles, voire impossibles. Cependant, un serviteur dévoué sait que chaque action, chaque décision, est une opportunité de glorifier Dieu et d'accomplir Sa volonté. Cela implique aussi d'avoir une foi ferme en l'efficacité de Dieu à accomplir ses promesses, même quand les circonstances semblent décourageantes.

Les Bénédictions de l'Obéissance

L'obéissance à Dieu n'est pas seulement un acte de dévotion, mais elle porte également des fruits bénis dans la vie du serviteur. Dans l'Ancien Testament, Dieu a promis à Israël qu'Il bénirait son peuple s'il obéissait à Ses commandements : « Si tu écoutes attentivement la voix de l'Éternel ton Dieu, et si tu fais ce qui est droit à ses yeux, en écoutant ses commandements et en observant toutes ses lois, je ne te frapperai d'aucune des maladies dont j'ai frappé l'Égypte » (Exode 15, 26). De même, dans le Nouveau Testament, Jésus affirme : « Celui qui a mes commandements et qui les garde, c'est celui qui m'aime ; et celui qui m'aime sera aimé de mon Père, je l'aimerai aussi et je me manifesterai à lui » (Jean 14, 21).

L'obéissance mène à une communion plus profonde avec Dieu, à une plus grande paix intérieure, et à un sentiment d'accomplissement spirituel. Elle ouvre également la voie à la bénédiction divine, à la protection et à la direction du Saint-Esprit dans toutes les facettes de la vie.

L'Obéissance face aux Défis

Bien que l'obéissance à Dieu soit un acte de foi et de confiance, elle n'est pas toujours facile. Parfois, le serviteur de Dieu devra faire face à des défis, des souffrances ou des incompréhensions de la part des autres. Obéir à Dieu peut entraîner des conflits avec les autorités humaines, des incompréhensions parmi les amis et la famille, ou même des persécutions. Mais à travers ces épreuves, le serviteur peut être assuré que Dieu est fidèle et qu'Il lui donnera la force nécessaire pour persévérer.

Dans ces moments de difficulté, l'obéissance devient encore plus précieuse, car elle reflète une foi profonde et une confiance inébranlable en la sagesse de Dieu. C'est dans l'obéissance à Dieu que le serviteur trouve la grâce pour surmonter les épreuves et poursuivre sa mission, tout en sachant qu'il est soutenu par l'amour et la présence de Dieu.

L'obéissance est l'expression la plus pure de la dévotion d'un serviteur de Dieu. Elle est un acte d'amour, de confiance et de soumission totale à la volonté divine. À travers l'obéissance, le serviteur trouve non seulement la direction divine pour sa vie, mais aussi une plus grande proximité avec Dieu et une participation active à Son plan pour le monde. L'exemple suprême de Jésus-Christ nous enseigne que l'obéissance, même lorsqu'elle implique des sacrifices, est le chemin vers la gloire de Dieu et la réalisation du plan divin. Le serviteur de Dieu, animé par une foi ferme et un amour sincère, s'engage donc à obéir à Dieu, jour après jour, et ainsi, il remplit sa mission avec une dévotion totale.

Chapitre 2 : Le Cœur du Serviteur, Une Vie de Prière et d'Adoration

La prière et l'adoration ne sont pas seulement des activités spirituelles pour le serviteur de Dieu ; elles sont au cœur même de son existence. Une vie de prière et d'adoration est ce qui distingue un serviteur fidèle. C'est par la prière que le serviteur entre en communion avec Dieu, et c'est dans l'adoration qu'il rend gloire à Celui qui l'a appelé à servir. Ensemble, ces pratiques nourrissent son âme, renforcent sa foi et lui permettent de discerner la volonté de Dieu. Dans ce chapitre, nous explorons l'importance de la prière et de l'adoration dans la vie du serviteur, comment elles nourrissent son cœur et lui permettent de rester fidèle à sa mission.

La Prière : Un Dialogue Intime avec Dieu

La prière est le moyen par lequel le serviteur de Dieu entre en relation personnelle avec son Créateur. Elle n'est pas simplement une liste de demandes ou une récitation de mots ; elle est un dialogue intime avec Dieu. Jésus Lui-même a montré l'exemple en consacrant des moments réguliers à la prière. L'Évangile de Marc nous raconte que Jésus, après une journée de guérisons et de miracles, s'est retiré dans un lieu désert pour prier (Marc 1, 35). Ce modèle montre que la prière est essentielle, même dans un ministère rempli d'activité.

La prière permet au serviteur de Dieu de partager ses pensées, ses luttes et ses joies avec Dieu. Elle est un moment de confession, de repentance, de gratitude, et de demande d'aide. Dans l'intimité de la prière, le serviteur cherche la direction de Dieu, exprime son désir de suivre Sa volonté et reçoit la paix qui vient de cette communion. C'est dans la prière que le serviteur trouve la force et le renouvellement nécessaires pour accomplir la mission à laquelle il a été appelé.

En plus de la prière personnelle, la prière communautaire joue également un rôle crucial dans la vie du serviteur de Dieu. L'Église, en tant que corps du Christ, se réunit pour prier, pour rendre gloire à Dieu ensemble et pour intercéder les uns pour les autres. Cette prière commune renforce l'unité de l'Église et soutient chaque serviteur dans sa mission.

L'Adoration : Une Vie Consacrée à Dieu

L'adoration est la réponse naturelle du cœur du serviteur à la grandeur de Dieu. Ce n'est pas seulement une activité musicale ou une pratique de chant lors des rassemblements d'Église, mais un mode de vie. L'adoration, c'est reconnaître et honorer la majesté de Dieu, Lui attribuer toute la gloire, tout l'honneur et toute la puissance. Le serviteur de Dieu vit dans un état constant d'adoration, en rendant grâce pour les bénédictions qu'il reçoit et en offrant sa vie comme un sacrifice vivant, agréable à Dieu (Romains 12, 1).

Dans l'Ancien Testament, l'adoration était centrée sur des rituels et des sacrifices, mais dans le Nouveau Testament, Jésus enseigne que l'adoration véritable est celle qui se fait « en esprit et en vérité » (Jean 4, 24). Cela signifie que l'adoration ne se limite pas à des moments spécifiques dans un lieu particulier, mais qu'elle se vit au quotidien. Un serviteur de Dieu rend hommage à Dieu par ses actions, son amour pour les autres et son désir constant de vivre selon Sa volonté.

L'adoration transforme la vie du serviteur en lui permettant de voir Dieu comme le centre de tout. Elle lui rappelle chaque jour que tout ce qu'il fait est pour la gloire de Dieu. C'est cette perspective qui permet au serviteur de persévérer dans sa mission, même lorsqu'il rencontre des difficultés.

La Prière et l'Adoration : Nourrir une Vie Spirituelle Équilibrée

La prière et l'adoration se complètent et se nourrissent mutuellement. La prière permet au serviteur de parler à Dieu, de chercher Sa direction et de trouver la force dans les moments de faiblesse. L'adoration, quant à elle, permet au serviteur de se concentrer sur Dieu et de reconnaître Sa souveraineté, même au milieu des épreuves. L'un ne va pas sans l'autre : la prière sans adoration peut devenir une simple liste de demandes, tandis que l'adoration sans prière peut devenir une activité extérieure sans profondeur.

En ensemble, la prière et l'adoration forment le cœur de la vie spirituelle du serviteur. Elles sont les racines qui nourrissent sa mission, l'empêchant de se dessécher dans la routine ou de se laisser emporter par les distractions du monde. Dans ces moments de communion avec Dieu, le serviteur trouve à la fois la direction et la force pour accomplir sa mission.

L'Importance de la Solitude dans la Prière et l'Adoration

Un aspect essentiel de la vie de prière et d'adoration est la solitude. Jésus Lui-même cherchait régulièrement des moments de solitude pour prier et se recharger spirituellement (Matthieu 14, 23). Dans le bruit et les distractions du monde, le serviteur doit savoir se retirer dans le silence pour rencontrer Dieu face à face. La solitude est un lieu où l'on peut entendre la voix de Dieu de manière claire, où l'on peut se reconnecter profondément à Lui.

Cette solitude n'est pas seulement un moment de silence, mais un espace de rencontre intime. C'est dans ces moments-là que le serviteur entend souvent la direction divine pour sa vie et sa mission. Sans ces moments de solitude, il peut être facile de se laisser emporter par les besoins des autres ou les exigences extérieures et de perdre de vue la mission fondamentale que Dieu lui a confiée.

La Prière et l'Adoration dans la Mission du Serviteur

La prière et l'adoration ne sont pas seulement des pratiques personnelles ; elles sont également essentielles à la mission du serviteur. C'est par la prière que le serviteur demande la sagesse nécessaire pour accomplir sa mission, qu'il intercède pour ceux qu'il sert et qu'il cherche la force pour affronter les difficultés. L'adoration est également cruciale, car elle permet au serviteur de rester humble et centré sur Dieu, plutôt que sur ses propres capacités ou réalisations.

Quand un serviteur de Dieu prie et adore avec un cœur sincère, il se met dans une position de réceptivité et de dépendance. Il sait qu'il ne peut accomplir sa mission par ses propres forces, mais qu'il dépend entièrement de Dieu pour tout ce qu'il fait. Dans chaque acte d'adoration et chaque moment de prière, il renonce à son égo et se soumet à la volonté divine.

La prière et l'adoration sont les fondements spirituels sur lesquels repose la mission du serviteur de Dieu. Elles nourrissent son cœur, renforcent sa foi et l'aident à discerner la volonté de Dieu. La prière établit un dialogue intime avec Dieu, tandis que l'adoration élève son âme et le garde centré sur la grandeur divine. Ensemble, elles permettent au serviteur de vivre une vie pleine de dévotion et de fidélité à sa mission. Dans chaque moment de prière et d'adoration, le serviteur trouve la force et l'inspiration pour continuer à servir, sachant que son cœur est en communion avec le Dieu qu'il sert.

Chapitre 3 : La Parole de Dieu comme Guide

La Parole de Dieu est le guide suprême pour le serviteur de Dieu. Elle n'est pas seulement un ensemble de textes anciens ou une collection de principes moraux ; elle est vivante, dynamique et capable de transformer chaque aspect de la vie de celui qui la reçoit avec foi. Pour le serviteur, la Parole de Dieu est un phare qui éclaire le chemin, un fondement solide sur lequel il peut construire sa mission et sa vie spirituelle. Dans ce chapitre, nous explorons l'importance de la Parole de Dieu dans la vie du serviteur, comment elle guide, nourrit, corrige et fortifie, et pourquoi elle est essentielle pour accomplir la mission divine.

La Parole de Dieu : Un Guide pour Chaque Étape de la Vie

La Parole de Dieu est un guide divinement inspiré, destiné à éclairer le serviteur à chaque étape de sa vie. Dans le livre des Psaumes, il est écrit : « Ta parole est une lampe à mes pieds, et une lumière sur mon sentier » (Psaume 119, 105). Ce verset nous rappelle que la Parole de Dieu est la lumière qui éclaire même les moments les plus sombres de la vie. Elle permet au serviteur de discerner la volonté de Dieu, de prendre des décisions justes et de rester fidèle à l'appel qu'il a reçu.

Dans un monde où les voix contradictoires sont nombreuses et où les influences extérieures peuvent facilement égarer, la Parole de Dieu demeure une boussole fiable. C'est en elle que le serviteur trouve la direction claire, non seulement pour les grands choix de sa mission, mais aussi pour les petites décisions quotidiennes. Chaque aspect de la vie du serviteur, qu'il s'agisse de son caractère, de ses relations ou de son ministère, est éclairé par les principes et les vérités révélées dans les Écritures.

La Parole de Dieu : Une Source de Nourriture Spirituelle

La Parole de Dieu est aussi une nourriture spirituelle essentielle. Jésus, lorsqu'il a été tenté dans le désert par Satan, a répondu : « L'homme ne vivra pas de pain seulement, mais de toute parole qui sort de la bouche de Dieu » (Matthieu 4, 4). Cette déclaration montre que, tout comme nous avons besoin de nourriture physique pour survivre, nous avons besoin de la Parole de Dieu pour nourrir notre âme. Le serviteur de Dieu doit se nourrir régulièrement de la Parole afin de rester spirituellement fort et vivant.

Le processus de méditation de la Parole de Dieu est similaire à celui de manger. Le serviteur de Dieu doit non seulement lire les Écritures, mais aussi les méditer, les assimiler et les appliquer dans sa vie. C'est en nourrissant son âme de cette parole vivante qu'il trouve l'énergie spirituelle pour affronter les défis de la mission. La Parole de Dieu n'est pas un simple manuel d'instructions ; elle est une source de vie qui transforme, fortifie et purifie le cœur du serviteur.

La Parole de Dieu : Un Instrument de Correction et de Formation

La Parole de Dieu ne se contente pas de guider et de nourrir ; elle est également un instrument de correction et de formation. L'apôtre Paul écrit à Timothée : « Toute Écriture est inspirée de Dieu et utile pour enseigner, convaincre, corriger et instruire dans la justice » (2 Timothée 3, 16). Le serviteur de Dieu est constamment en formation, et c'est par la Parole de Dieu qu'il est corrigé et enseigné. Elle le conduit à une transformation profonde de son caractère et de sa manière de vivre.

À travers la Parole, Dieu révèle au serviteur ce qui doit être changé dans sa vie, que ce soit des attitudes, des comportements ou des croyances qui ne sont pas alignés avec Sa volonté. Lorsque le serviteur est confronté à la vérité divine, il est appelé à se repentir, à se renouveler et à se conformer davantage à l'image du

Christ. Cette correction est un aspect crucial du processus de sanctification, qui permet au serviteur de devenir plus fidèle et plus efficace dans sa mission.

La Parole de Dieu : Une Source de Force et de Confiance

Dans les moments d'épreuve, de doute et de découragement, la Parole de Dieu devient une source inépuisable de force et de réconfort. Lorsque le serviteur se sent faible, épuisé ou même abandonné, il peut se tourner vers les Écritures pour y puiser l'encouragement et la promesse de la présence constante de Dieu. Le Psaume 23, par exemple, rappelle que même dans la vallée de l'ombre de la mort, Dieu est avec nous, et qu'Il nous conduit et nous restaure.

Le serviteur de Dieu doit avoir une connaissance profonde des Écritures, non seulement pour enseigner aux autres, mais aussi pour se fortifier lui-même dans sa propre foi. C'est dans les moments difficiles que la Parole de Dieu, avec ses promesses et son assurance, devient un ancrage solide. Comme Jésus l'a dit dans Jean 15, 7 : « Si vous demeurez en moi, et que mes paroles demeurent en vous, demandez ce que vous voulez, et cela vous arrivera. » Lorsque le serviteur est ancré dans la Parole, il trouve une confiance inébranlable en la fidélité de Dieu.

La Parole de Dieu : Un Instrument de Puissance pour la Mission

La Parole de Dieu est également l'instrument de la puissance de Dieu dans la mission du serviteur. C'est par la Parole qu'il proclame la vérité, qu'il annonce l'Évangile et qu'il touche les cœurs des hommes. Dans l'Épître aux Hébreux, il est dit que « la parole de Dieu est vivante et efficace, plus tranchante qu'aucune épée à deux tranchants » (Hébreux 4, 12). La Parole de Dieu a la capacité de percer les cœurs et d'apporter la lumière là où il y a de l'obscurité.

Le serviteur de Dieu, en proclamant la Parole, ne se contente pas de transmettre des informations, mais il participe à l'œuvre de Dieu dans le monde. La Parole est vivante et active, et elle transforme les vies. Le serviteur est un instrument de cette transformation, et sa mission est d'apporter cette Parole de vie aux autres. Il doit donc être fidèle dans son étude et sa méditation des Écritures afin de les transmettre avec clarté et puissance.

La Parole de Dieu : Un Héritage à Transmettre

Enfin, la Parole de Dieu est un précieux héritage à transmettre. Le serviteur de Dieu n'est pas seulement appelé à recevoir la Parole, mais aussi à la transmettre fidèlement aux générations suivantes. Dans le livre de Deutéronome, Moïse exhorte le peuple d'Israël à enseigner la Parole de Dieu à leurs enfants et à leurs petits-enfants (Deutéronome 6, 7). Cette transmission de la Parole est essentielle pour que la foi soit perpétuée à travers les générations.

Le serviteur de Dieu est donc non seulement un récepteur, mais aussi un messager. Il est chargé de proclamer la Parole de Dieu, d'enseigner et de discipler les autres, et d'assurer que les futures générations connaissent la vérité qui les rend libres.

La Parole de Dieu est un guide indispensable pour le serviteur de Dieu. Elle éclaire son chemin, le nourrit spirituellement, le corrige, le fortifie et l'équipe pour la mission qu'il doit accomplir. La Parole n'est pas seulement un ensemble de règles ou de préceptes ; elle est vivante, puissante et capable de transformer la vie du serviteur. En se nourrissant de la Parole, en la méditant et en l'appliquant, le serviteur de Dieu trouve la sagesse, la direction et la force nécessaires pour répondre à l'appel divin. La Parole de Dieu est l'instrument par excellence qui permet au serviteur de remplir sa mission et de vivre une vie conforme à la volonté de Dieu.

Chapitre 4 : Une Dévotion qui Se Vit au Quotidien

La dévotion ne se limite pas à des moments spécifiques de prière ou d'adoration. Pour le serviteur de Dieu, la dévotion est une manière de vivre, un état d'esprit qui s'intègre à chaque aspect de la vie quotidienne. Cela signifie que chaque geste, chaque interaction et chaque pensée doivent être imprégnés de la volonté de Dieu. La dévotion, loin d'être un acte isolé ou une obligation ponctuelle, doit devenir la norme de vie du serviteur, qui cherche constamment à honorer Dieu dans tout ce qu'il fait.

Dans ce chapitre, nous explorons comment la dévotion se vit au quotidien. Il ne s'agit pas simplement de réserver des moments pour Dieu, mais d'incarner Sa présence et Sa volonté dans chaque facette de la vie. Le serviteur de Dieu est appelé à manifester sa foi dans ses actions, dans son comportement et dans ses relations, révélant ainsi la beauté de la dévotion chrétienne à travers sa vie entière.

La Dévotion : Une Vie Consacrée à Dieu

La dévotion authentique commence par une prise de décision : celle de consacrer sa vie entière à Dieu. Ce n'est pas un acte ponctuel, mais un engagement permanent. Jésus a dit : « Si quelqu'un veut venir après moi, qu'il renonce à lui-même, qu'il prenne sa croix chaque jour et qu'il me suive » (Luc 9, 23). La dévotion du serviteur se manifeste par ce renoncement à soi-même, un choix de mettre Dieu au centre de sa vie, chaque jour. Ce n'est pas une dévotion passagère qui se limite à de grandes expériences spirituelles, mais une vie quotidienne de soumission à Dieu.

La dévotion dans la vie quotidienne s'exprime par la manière dont on prend soin de ses responsabilités, comment on interagit avec les autres et comment on gère les défis et les tentations. Être dévoué à Dieu signifie que chaque action, même la plus simple, doit être vécue dans une attitude de service et de louange envers Dieu. Que ce soit au travail, à l'école, à la maison ou dans la rue, la dévotion doit être visible à travers l'intégrité, la bienveillance, la patience et l'amour que le serviteur manifeste.

La Dévotion dans les Relations Interpersonnelles

L'un des aspects les plus tangibles de la dévotion au quotidien se trouve dans les relations que nous entretenons avec les autres. Jésus a enseigné que l'amour de Dieu est indissociable de l'amour du prochain : « Tu aimeras ton prochain comme toi-même » (Matthieu 22, 39). Le serviteur de Dieu ne peut être véritablement dévoué à Dieu sans manifester cet amour à ceux qui l'entourent. Chaque interaction, qu'il s'agisse de relations familiales, professionnelles, ou communautaires, est une occasion de vivre sa dévotion en étant un témoin de l'amour de Dieu.

La dévotion dans les relations implique également le pardon, la compréhension, l'humilité et la bienveillance. Le serviteur de Dieu cherche à être un instrument de paix, à réconcilier, à soutenir et à encourager ceux qui l'entourent. Dans un monde souvent marqué par les conflits, l'égoïsme et l'indifférence, la dévotion chrétienne se distingue par une attitude radicalement différente : une recherche constante du bien-être de l'autre et une volonté de servir plutôt que d'être servi.

La Dévotion au Travail : Travailler pour Dieu

Le travail est un autre domaine clé dans lequel la dévotion chrétienne se vit au quotidien. Pour le serviteur de Dieu, chaque tâche, quelle qu'elle soit, doit être accomplie pour la gloire de Dieu. L'apôtre Paul exhorte les croyants en disant : « Tout ce que vous faites, faites-le de bon cœur, comme pour le Seigneur et non pour des hommes » (Colossiens 3, 23). Le serviteur de Dieu ne sépare pas sa vie spirituelle de sa vie professionnelle ; il fait de son travail une forme de dévotion.

Cela signifie que même dans les tâches les plus ordinaires ou répétitives, le serviteur cherche à honorer Dieu par son attitude, son éthique de travail et son engagement. L'excellence, la fidélité et l'intégrité doivent caractériser son comportement au travail, car chaque tâche devient une occasion de rendre hommage à Dieu. En cela, la dévotion chrétienne transforme le lieu de travail en un champ de mission, où le serviteur peut être un témoin vivant de l'amour de Dieu à travers son attitude professionnelle.

La Dévotion dans les Épreuves

Une des dimensions essentielles de la dévotion au quotidien est la manière dont elle se manifeste dans les épreuves. La vie chrétienne n'est pas exempte de difficultés, mais la dévotion véritable se révèle particulièrement dans les moments de souffrance. C'est dans ces moments que le serviteur de Dieu est appelé à faire preuve de foi, de patience et de persévérance. Le serviteur qui vit une dévotion authentique ne se détourne pas de Dieu dans les moments difficiles, mais cherche plutôt à voir Dieu à travers les épreuves.

Les défis de la vie sont des occasions de manifester une confiance profonde en la fidélité de Dieu. Le serviteur dévoué est celui qui, même face à la souffrance, déclare avec Job : « L'Éternel a donné, l'Éternel a pris ; que le nom de l'Éternel soit béni ! » (Job 1, 21). Cette attitude de dévotion dans la douleur témoigne de la profondeur de la foi du serviteur, qui sait que Dieu est souverain et qu'il travaille pour le bien de ceux qui L'aiment, même dans les moments de difficulté.

La Dévotion dans la Gestion du Temps et des Priorités

Un autre aspect pratique de la dévotion quotidienne est la gestion du temps. Dans un monde où les distractions sont nombreuses, il est essentiel de savoir prioriser ce qui est vraiment important. La dévotion du serviteur se manifeste dans sa capacité à consacrer du temps à Dieu, à Sa Parole, à la prière et à l'adoration, tout en étant attentif à ses responsabilités et à ses engagements. Le serviteur de Dieu doit apprendre à équilibrer ses priorités, à consacrer du temps pour Dieu et pour les autres, et à ne pas se laisser envahir par les urgences du quotidien.

Cela implique une discipline de vie, où le serviteur choisit de faire de Dieu sa priorité, même au milieu des exigences de la vie moderne. Cette gestion sage du temps témoigne d'une dévotion qui ne se contente pas de moments ponctuels, mais qui se vit de manière continue, à chaque instant.

La Dévotion : Une Attitude de Reconnaissance et de Gratitude

La dévotion au quotidien se manifeste également par une attitude constante de reconnaissance et de gratitude envers Dieu. Le serviteur de Dieu, en vivant sa dévotion, est conscient que chaque moment, chaque bénédiction, chaque souffle de vie est un don de Dieu. Dans tout ce qu'il fait, il cherche à rendre grâce à Dieu, non seulement par des paroles, mais par des actions qui témoignent de Sa bonté.

Cette reconnaissance se manifeste dans la louange, dans les actes de service envers les autres, et dans la manière dont le serviteur considère chaque aspect de sa vie comme un cadeau de Dieu. La dévotion quotidienne est donc intrinsèquement liée à une attitude de gratitude, qui transforme même les moments les plus ordinaires en occasions de rendre gloire à Dieu.

La dévotion véritable ne se limite pas à des moments spécifiques de prière ou d'adoration ; elle est une manière de vivre. Pour le serviteur de Dieu, chaque aspect de la vie, qu'il s'agisse de ses relations, de son travail, de ses épreuves ou de sa gestion du temps, doit être vécu pour la gloire de Dieu. La dévotion se vit au quotidien, dans la manière dont nous agissons, servons et rendons grâce. En intégrant Dieu dans chaque facette de sa vie, le serviteur devient un témoignage vivant de Sa grandeur et de Son amour. La dévotion quotidienne est ainsi la clé pour vivre une vie qui honore Dieu dans tous les aspects de notre existence.

Conclusion Partie 1 : La Dévotion

La dévotion est le fondement sur lequel le serviteur de Dieu bâtit toute sa vie et sa mission. Elle ne se limite pas à des moments spécifiques de prière ou de service, mais imprègne chaque aspect de la vie quotidienne. À travers la dévotion, le serviteur choisit de consacrer chaque moment à Dieu, en cherchant à L'honorer non seulement dans ses actions visibles, mais aussi dans ses pensées, ses relations et ses décisions quotidiennes. La dévotion véritable est une vie entière dédiée à Dieu, marquée par un engagement constant et une soumission joyeuse à Sa volonté.

Que ce soit à travers la prière, l'étude de la Parole, l'amour du prochain, ou l'intégrité dans le travail, chaque action devient une occasion de manifester cette dévotion. Le serviteur de Dieu ne se contente pas de servir dans les moments de gloire ou d'épanouissement spirituel, mais il vit une dévotion continue, même dans les épreuves, les moments de doute et les défis de la vie.

La dévotion authentique transforme la vie du serviteur, la rendant plus proche de celle du Christ, modèle ultime de dévotion. Elle façonne son caractère, nourrit sa relation avec Dieu et l'équipe pour accomplir sa mission. Dans cette première partie, nous avons vu que la dévotion n'est pas seulement une attitude de cœur, mais un engagement actif et quotidien à vivre pour la gloire de Dieu, en toute chose. Ainsi, le serviteur de Dieu est appelé à faire de sa dévotion une pratique constante, une manière de vivre et d'agir qui reflète Sa grandeur et Sa bonté dans le monde.

En conclusion, la dévotion n'est pas un choix ponctuel, mais une orientation de vie. Elle est la clé qui permet au serviteur de Dieu de marcher sur le chemin de la fidélité et de la transformation. C'est par la dévotion, vécue au quotidien, que le serviteur s'approche de Dieu et devient un instrument efficace pour accomplir la mission divine, qu'elle soit dans son foyer, au travail, ou dans ses relations. La dévotion est donc la première étape indispensable pour celui qui veut être un serviteur fidèle et engagé dans la mission de Dieu.

Partie 2 : La Délicatesse

La délicatesse dans la vie du serviteur de Dieu est une dimension essentielle qui témoigne de la nature même de Dieu. Alors que la dévotion se manifeste par une fidélité et un engagement quotidien envers Dieu, la délicatesse concerne l'attitude du serviteur face aux autres, l'approche douce, respectueuse et empreinte d'amour qu'il adopte dans ses interactions. Le serviteur n'est pas seulement appelé à servir avec dévouement, mais aussi à servir avec grâce et sensibilité. La délicatesse est une manière de manifester l'amour de Dieu dans des actions, des paroles et des gestes empreints de douceur et de respect pour les autres.

Chapitre 5 : La Délicatesse, Servir avec Amour et Compassion

La délicatesse, dans la vie du serviteur de Dieu, se manifeste surtout dans la manière dont il sert les autres. Servir avec amour et compassion est un aspect essentiel de la délicatesse chrétienne, car ces deux qualités sont au cœur de l'appel du serviteur : être un instrument de guérison, d'espoir et de réconfort pour les autres. Le serviteur de Dieu ne doit pas seulement accomplir une mission ou une tâche ; il doit servir avec un cœur empreint de l'amour inébranlable de Dieu et d'une compassion sincère pour ceux qui souffrent, sont blessés ou perdus.

Dans ce chapitre, nous explorons comment la délicatesse se vit à travers un service empreint d'amour et de compassion, et pourquoi ces deux valeurs sont non seulement les marques d'un serviteur fidèle, mais aussi des aspects essentiels pour toucher et transformer les vies.

L'Amour : La Base du Service Délicat

L'amour est le fondement de tout service chrétien. Jésus Lui-même a dit : « Tu aimeras ton prochain comme toi-même » (Matthieu 22, 39). Cet amour n'est pas seulement une émotion, mais une action consciente et délibérée, une volonté de mettre les autres avant soi-même, de les comprendre et de les accompagner dans leurs besoins. Pour le serviteur de Dieu, cet amour n'est pas un simple choix humain, mais un fruit de l'Esprit Saint qui guide et façonne chaque aspect du service.

Servir avec amour, c'est prendre le temps de s'intéresser aux autres, de comprendre leurs besoins, leurs luttes et leurs espoirs. Cela implique de se mettre à leur place, de faire preuve de patience et de douceur dans nos actions, de ne jamais se précipiter, mais d'écouter et de répondre avec une sollicitude authentique. Un serviteur qui aime agit toujours pour le bien-être des autres, même dans les moments de difficulté. L'amour est ce qui rend chaque geste de service non seulement utile, mais aussi transformateur, en permettant à la personne servie de ressentir la présence de Dieu à travers ce qu'elle reçoit.

La Compassion : Un Cœur Qui S'identifie à la Souffrance des Autres

La compassion est l'autre dimension essentielle du service délicat. Elle est l'expression profonde de l'amour de Dieu envers ceux qui souffrent. Elle se définit par une capacité à ressentir la douleur et la souffrance de l'autre, et à agir pour alléger cette souffrance. La compassion de Jésus est un modèle parfait pour le serviteur. Il n'a jamais tourné le dos aux souffrances humaines, mais Il a toujours été attentif aux besoins des autres, qu'il s'agisse de guérisons physiques, d'encouragements émotionnels ou de libérations spirituelles.

La compassion est différente de la simple sympathie, car elle n'est pas passive. Elle est active et cherche des moyens concrets de soulager la souffrance, qu'il s'agisse d'offrir une oreille attentive, de fournir un soutien financier, d'encourager ceux qui sont dans la solitude, ou de prier pour ceux qui sont dans l'épreuve. Le serviteur de Dieu, rempli de compassion, ne se contente pas de regarder la souffrance, mais il s'engage à apporter une aide réelle, tangible et pleine d'amour.

Servir avec Sensibilité aux Besoins des Autres

Un aspect fondamental de la délicatesse dans le service est la capacité à discerner les besoins réels des autres. Parfois, les gens ne communiquent pas ouvertement leurs souffrances ou leurs luttes, mais un serviteur délicat, sensible à l'Esprit de Dieu, saura percevoir ce qui se cache derrière les paroles ou les gestes. Cela demande une écoute attentive, mais aussi un discernement spirituel pour comprendre les besoins profonds des individus.

Être sensible aux besoins des autres ne se limite pas à une action matérielle. Il s'agit de savoir quand et comment intervenir avec les bons mots ou les gestes appropriés, sans imposer sa propre volonté, mais en répondant de manière juste et empreinte de respect. Un serviteur de Dieu délicat saura quand offrir une aide pratique et quand offrir une prière, quand donner des conseils et quand simplement être présent pour écouter.

Le Service Délicat : Un Modèle de Jésus

Jésus-Christ est l'exemple parfait de ce service rempli d'amour et de compassion. Dans Son ministère, Il a non seulement prêché, mais aussi guéri les malades, réconforté les affligés et pris soin des marginalisés. Un des moments les plus emblématiques de la compassion de Jésus se trouve dans la rencontre avec la veuve de Naïn, dont le fils unique était mort. Jésus, voyant la douleur de cette femme, a été « ému de compassion » (Luc 7, 13) et a ressuscité son fils. Ce n'était pas simplement un acte de puissance divine, mais un acte de compassion profonde. Jésus a vu la souffrance de cette femme, et cela L'a poussé à agir.

Le serviteur de Dieu est appelé à imiter ce modèle. Il ne doit pas seulement accomplir des actes de service, mais le faire avec le cœur du Christ, en se mettant à la place de l'autre et en agissant pour soulager leur fardeau. Servir avec amour et compassion signifie être attentif aux souffrances des autres et être prêt à intervenir de manière à apporter guérison et espoir.

Servir Sans Attentes Personnelles : L'Authenticité dans le Service

Un des aspects les plus délicats du service chrétien est de le faire sans attente personnelle. Le serviteur ne sert pas pour recevoir quelque chose en retour, mais pour l'amour de Dieu et des autres. C'est un service qui ne cherche pas la reconnaissance, l'approbation ou la récompense. Jésus a enseigné que le serviteur fidèle ne doit pas attendre des honneurs ou des récompenses terrestres : « Quand vous aurez fait tout ce qui vous a été ordonné, dites : 'Nous sommes des serviteurs inutiles ; nous avons fait ce que nous devions faire.' » (Luc 17, 10).

Ce type de service authentique est libérateur, car il ne dépend pas des réactions extérieures, mais est un témoignage de l'amour gratuit et désintéressé. Le serviteur qui agit avec amour et compassion, sans chercher à se mettre en avant, reflète véritablement l'amour de Dieu pour l'humanité.

Le Service Délicat dans les Moments de Conflit et de Tension

La délicatesse du serviteur de Dieu est particulièrement nécessaire dans les moments de conflit ou de tension. Lorsque les relations sont tendues ou lorsque des malentendus surviennent, le serviteur délicat sait comment répondre avec douceur, calme et respect. « Une réponse douce calme la fureur » (Proverbes 15, 1). Ce verset souligne l'importance de la délicatesse dans la gestion des conflits. Le serviteur, rempli de l'amour de Dieu, répondra toujours avec une attitude de réconciliation et de paix, cherchant à apaiser les tensions et à restaurer l'harmonie.

La délicatesse dans ces situations ne signifie pas éviter les confrontations nécessaires, mais cela implique de traiter chaque conflit avec une volonté sincère de restaurer et non de blesser. Le serviteur de Dieu, guidé par la compassion, doit savoir comment corriger, réconcilier et restaurer, tout en respectant les émotions et les besoins de ceux qu'il sert.

La délicatesse dans le service, vécue à travers l'amour et la compassion, est un élément fondamental de la mission du serviteur de Dieu. Elle lui permet de toucher les cœurs, de guérir les blessures et de refléter l'amour de Dieu d'une manière tangible et authentique. Servir avec amour et compassion transforme chaque acte de service en un témoignage vivant de la bonté divine. Que ce soit en écoutant, en guérissant, en réconfortant ou en servant discrètement, le serviteur délicat devient un canal à travers lequel l'amour de Dieu pénètre profondément dans la vie des autres. Ce service, guidé par l'Esprit, fait du serviteur un instrument de réconciliation, de paix et de guérison dans un monde souvent marqué par la souffrance et la division.

Chapitre 6 : La Sensibilité aux Besoins des Autres

La sensibilité aux besoins des autres est une caractéristique essentielle du serviteur de Dieu. Dans un monde où l'individualisme et l'indifférence sont parfois dominants, le serviteur est appelé à faire preuve d'une attention particulière et d'une empathie profonde envers les besoins spirituels, émotionnels, matériels et sociaux des autres. Être sensible aux besoins des autres, c'est non seulement remarquer les souffrances et les luttes des autres, mais aussi répondre avec amour, discernement et bienveillance.

Dans ce chapitre, nous examinons comment le serviteur de Dieu doit cultiver cette sensibilité, pourquoi elle est essentielle à son ministère, et comment elle l'aide à servir de manière plus efficace et compatissante.

La Sensibilité : Un Fruit de l'Esprit

La sensibilité aux besoins des autres n'est pas simplement une question de personnalité ou d'empathie naturelle. Elle est avant tout un fruit de l'Esprit Saint, qui transforme le cœur du serviteur pour qu'il soit plus attentif à la souffrance des autres. L'apôtre Paul rappelle aux croyants : « Soyez sensibles aux besoins des autres. Ne vous contentez pas de regarder chacun pour ses propres intérêts, mais aussi pour ceux des autres » (Philippiens 2, 4). Cette sensibilité, nourrie par l'Esprit, pousse le serviteur à agir avec discernement, prenant en compte non seulement les paroles des autres mais aussi leurs besoins non exprimés.

Jésus Lui-même incarne cette sensibilité à chaque étape de Son ministère. Il ne se contentait pas d'observer les foules, mais Il prenait le temps de comprendre les situations de chacun, d'offrir des paroles de réconfort et d'agir avec compassion. Le serviteur de Dieu doit suivre cet exemple, en s'efforçant d'être attentif non seulement aux besoins visibles, mais aussi aux souffrances cachées et aux blessures invisibles des autres.

Une Écoute Attentive : L'Essence de la Sensibilité

L'écoute est un élément clé de la sensibilité. En écoutant attentivement, le serviteur parvient à identifier des besoins non exprimés et des souffrances profondes qui se cachent souvent sous la surface des mots. Jésus, par exemple, ne se contentait pas d'entendre les paroles, mais Il écoutait avec une attention profonde et une compréhension totale des réalités intérieures de chacun. Quand une femme malade touche Son vêtement, Il se retourne et demande : « Qui m'a touché ? » (Luc 8, 45), bien qu'Il savait déjà qui l'avait fait. Cet acte démontre qu'Il ne se contentait pas d'entendre des bruits ou des cris, mais qu'Il écoutait avec sensibilité, cherchant à comprendre le cœur de la personne qui L'approchait.

Pour le serviteur, écouter avec sensibilité signifie se donner du temps et de l'espace pour entendre les besoins des autres. Cela va au-delà de l'écoute superficielle ; c'est un acte d'attention, de présence et de compréhension active. L'écoute attentive crée un environnement dans lequel l'autre se sent vu, entendu et respecté, ouvrant ainsi la voie à une intervention plus ciblée et plus efficace.

Percevoir les Besoins Spirituels et Émotionnels

Un serviteur sensible aux besoins des autres est également attentif aux aspects spirituels et émotionnels de la vie des personnes. Parfois, les souffrances physiques ou matérielles peuvent masquer des besoins spirituels profonds. Le serviteur de Dieu doit être capable de discerner ces besoins spirituels et d'y répondre de manière appropriée.

Par exemple, une personne qui traverse une période de crise peut se sentir seule et abandonnée, même si elle n'exprime pas directement un besoin spirituel. Le serviteur de Dieu, sensible à cette détresse émotionnelle, saura offrir des paroles d'encouragement spirituel, prier pour la personne et l'accompagner dans sa relation avec Dieu. À d'autres moments, une personne peut sembler être dans un état de grande souffrance physique ou matérielle, mais en réalité, son plus grand besoin est un réconfort émotionnel ou une écoute bienveillante.

La sensibilité aux besoins spirituels et émotionnels permet au serviteur de Dieu de s'adapter à chaque situation avec une approche holistique, prenant en compte l'ensemble des dimensions de la personne – corps, âme et esprit. Cela l'aidera non seulement à répondre aux besoins immédiats, mais aussi à guider les personnes vers une guérison complète.

Une Vision Spirituelle des Besoins Matériels

Être sensible aux besoins des autres ne se limite pas à une approche spirituelle ou émotionnelle ; cela inclut également les besoins matériels. Jésus Lui-même n'a pas seulement prêché la Parole de Dieu, mais Il a aussi nourri les affamés, guéri les malades et pourvu aux besoins matériels des gens (Jean 6, 5 - 13). Le serviteur de Dieu, dans l'exercice de sa mission, doit être attentif à l'ensemble des besoins des personnes qu'il sert, y compris leurs besoins matériels, tels que la nourriture, le logement, le soutien financier ou l'aide pratique.

La sensibilité à ces besoins matériels ne doit pas être une obligation, mais une expression de l'amour de Dieu pour ceux qui sont dans le besoin. Il est important que le serviteur ne se contente pas de prier pour les besoins matériels des autres sans chercher à les aider concrètement. Le serviteur de Dieu, rempli de compassion, saura non seulement apporter une aide spirituelle, mais également intervenir de manière pratique pour alléger la souffrance matérielle des autres.

La Sensibilité dans l'Action : Ne Pas Se Contenter de Voir, Agir

La sensibilité des serviteurs de Dieu ne se limite pas à une perception passive des besoins des autres. Elle appelle à l'action. Dans la parabole du Bon Samaritain (Luc 10, 25 - 37), Jésus nous montre qu'une véritable sensibilité ne consiste pas à simplement voir la souffrance de l'autre, mais à agir pour la soulager. Le Bon Samaritain a vu un homme blessé et, au lieu de l'ignorer comme les autres, il s'est approché, a pris soin de lui, et l'a emmené à l'auberge pour qu'il puisse se rétablir.

Le serviteur de Dieu doit, lui aussi, être prêt à répondre aux besoins des autres, même lorsqu'ils exigent un sacrifice personnel. Cela peut signifier donner de son temps, de ses ressources, ou encore changer ses priorités pour apporter une aide effective. La sensibilité mène ainsi à l'action, transformant la compassion en actes concrets qui témoignent de l'amour et de la grâce de Dieu.

La Sensibilité dans les Moments de Conflit et de Difficile Communication

Parfois, la sensibilité doit être particulièrement présente dans les moments de conflit ou de mauvaise communication. Un serviteur de Dieu doit être attentif à la manière dont il intervient dans ces situations, en gardant en tête les émotions et les besoins sous-jacents des personnes impliquées. Cela implique de répondre avec douceur, de chercher à comprendre les perspectives des autres, et d'être prêt à restaurer les relations brisées avec respect et honnêteté.

Dans ces moments, il est crucial de ne pas se laisser emporter par ses propres émotions ou jugements, mais de faire preuve de discernement et de patience, en permettant à l'Esprit de guider ses paroles et ses actions.

L'Exemple de Jésus : Sensibilité et Action

Tout au long de Son ministère, Jésus a constamment montré une sensibilité profonde aux besoins des autres. Dans chaque rencontre, que ce soit avec les malades, les pécheurs ou les marginalisés, Il a pris le temps de voir, écouter et répondre avec amour. Quand Il a vu la foule affamée, Il a eu compassion et a multiplié les pains pour les nourrir (Matthieu 14, 13 - 21). Lorsque Pierre, après avoir renié Jésus, se trouve dans la douleur de sa trahison, Jésus lui offre une opportunité de réconciliation en lui demandant trois fois : « M'aimes-tu ? » (Jean 21, 15 - 19).

Jésus a toujours agi avec une sensibilité qui allait au-delà des besoins immédiats, cherchant à restaurer et à guérir les cœurs. Le serviteur de Dieu doit imiter cet exemple, étant attentif aux besoins visibles et invisibles, et répondant avec une compassion pleine d'amour et d'action.

La sensibilité aux besoins des autres est une caractéristique essentielle pour un serviteur de Dieu. Elle nécessite une écoute attentive, un discernement spirituel et un engagement à répondre avec compassion et action. Le serviteur ne doit pas seulement remarquer les besoins des autres, mais il doit être prêt à agir pour les soulager, que ce soit spirituellement, émotionnellement, ou matériellement. En cultivant cette sensibilité, il devient un instrument de guérison, un canal de l'amour de Dieu qui apporte réconfort et espoir aux personnes qu'il sert. En étant sensibles aux besoins des autres, les serviteurs de Dieu témoignent de la bonté de Dieu dans un monde qui a soif de compassion, de justice et d'amour véritable.

Chapitre 7 : La Gestion des Conflits avec Douceur

Les conflits font inévitablement partie de la vie, même pour le serviteur de Dieu. Que ce soit au sein de l'Église, dans les relations familiales ou dans la société, les divergences d'opinion, les incompréhensions ou les blessures peuvent survenir. Cependant, la manière dont le serviteur de Dieu réagit face aux conflits témoigne de sa maturité spirituelle et de sa capacité à incarner l'amour du Christ. L'un des principes les plus puissants que Jésus a enseignés est celui de répondre aux conflits avec douceur, ce qui diffère de l'approche humaine souvent impulsive ou violente.

Dans ce chapitre, nous explorons l'importance de la gestion des conflits dans la vie du serviteur de Dieu, comment il peut répondre avec douceur aux situations tendues et pourquoi cette approche est essentielle pour préserver l'unité et l'amour dans le Corps du Christ.

La Douceur : Une Qualité Chrétienne Essentielle

La douceur est une vertu fondamentale pour tout serviteur de Dieu, et elle joue un rôle crucial dans la gestion des conflits. Jésus, dans Son ministère, a constamment illustré cette qualité, en particulier dans les moments où Il aurait pu choisir d'exprimer de la colère ou de l'indignation. Un exemple frappant de la douceur de Jésus se trouve lorsqu'Il répond aux accusations des pharisiens et des scribes, ou encore lorsqu'Il est confronté à la violence de la croix. Bien qu'Il fût pleinement juste et en droit de réagir avec force, Jésus répond toujours avec une sérénité impressionnante.

La douceur ne signifie pas faiblesse ou passivité, mais plutôt une capacité à répondre avec calme, discernement et respect, même en présence de l'injustice ou de l'opposition. Dans l'Évangile de Matthieu, Jésus se décrit comme « doux et humble de cœur » (Matthieu 11, 29), et cet appel à la douceur est un modèle pour tous les croyants.

Dans le contexte des conflits, la douceur se traduit par l'humilité de ne pas chercher à imposer sa propre volonté, mais de chercher la réconciliation et la paix. C'est cette attitude que le serviteur de Dieu doit cultiver, car elle est un témoignage vivant de la grâce de Dieu, qui nous invite à répondre à la violence et à la discorde par la paix et le respect mutuel.

L'Importance de Ne Pas Réagir sur le Vif

La gestion des conflits commence par la décision de ne pas réagir impulsivement. Face à un conflit, il est tentant de répondre avec des mots durs, de se défendre ou de chercher à avoir raison. Cependant, les Écritures nous rappellent que « une réponse douce calme la fureur » (Proverbes 15, 1). La première étape dans la gestion d'un conflit consiste à prendre un moment pour réfléchir, prier et rechercher la volonté de Dieu, plutôt que de se laisser emporter par les émotions.

Jésus Lui-même a pris le temps de réfléchir avant de répondre, même lorsqu'Il faisait face à des accusations injustes. Dans l'Évangile de Jean, lorsque les pharisiens lui apportent la femme surprise en flagrant délit d'adultère, Jésus reste calme et ne réagit pas immédiatement. Il prend le temps d'écrire dans le sable avant de dire : « Que celui qui est sans péché jette la première pierre » (Jean 8, 7). Cette réponse calme et réfléchie permet de désamorcer la situation et de redonner de la dignité à la femme.

Un serviteur de Dieu doit imiter cette sagesse en prenant du recul avant de répondre, en recherchant d'abord la paix intérieure, puis en offrant une réponse qui privilégie la réconciliation et l'amour.

L'Humilité dans la Gestion des Conflits

La douceur, dans le contexte des conflits, est intrinsèquement liée à l'humilité. L'humilité permet de reconnaître que l'on n'est pas toujours dans le droit, et que la vérité n'est pas uniquement de notre côté. Elle ouvre la voie à l'écoute, à l'empathie et à la volonté de comprendre les points de vue des autres. En Philippiens 2, 3 - 4, l'apôtre Paul exhorte les croyants : « Ne faites rien par esprit de rivalité ou par vaine gloire, mais que l'humilité vous fasse regarder les autres comme étant au-dessus de vous-mêmes. Que chacun de vous, au lieu de regarder ses propres intérêts, regarde aussi ceux des autres. »

L'humilité nous permet de reconnaître nos propres faiblesses, d'éviter l'arrogance et de créer un climat propice à la réconciliation. Elle est la clé pour aborder les conflits avec une attitude douce, non pas dans un esprit de compétition, mais dans un esprit de restauration. En adoptant une posture humble, le serviteur de Dieu est plus enclin à offrir le pardon et à rechercher des solutions pacifiques plutôt qu'à insister sur son propre point de vue.

Les Bienfaits de la Douceur dans les Conflits

Répondre avec douceur dans un conflit ne signifie pas éviter le problème, mais aborder la situation de manière constructive. Les bienfaits de la douceur dans la gestion des conflits sont nombreux :

1. **Désamorcer les tensions :** Une réponse douce calme l'agitation et empêche le conflit de dégénérer. Elle ouvre un espace pour la discussion et l'écoute, réduisant ainsi le risque d'escalade.
2. **Favoriser la réconciliation :** Lorsque les deux parties dans un conflit se sentent respectées et écoutées, la voie de la réconciliation devient plus accessible. La douceur permet de créer un environnement propice au pardon et à la guérison des relations.

3. **Témoigner de l'amour chrétien :** La douceur est une expression concrète de l'amour de Dieu. Elle témoigne de la patience, du respect et de la volonté de suivre l'exemple du Christ, qui, malgré les injustices, a toujours répondu avec calme et respect.

4. **Construire des ponts :** Une réponse douce peut aider à briser les murs de l'hostilité et de la méfiance, favorisant ainsi un dialogue honnête et une meilleure compréhension mutuelle.

Le Rôle de la Prière et du Discernement Spirituel

Un serviteur de Dieu doit rechercher la sagesse divine dans chaque situation conflictuelle. La prière est un outil puissant dans la gestion des conflits, car elle permet de calmer le cœur et de recevoir la guidance du Saint-Esprit. Dans l'Épître de Jacques, il est écrit : « Si l'un de vous manque de sagesse, qu'il la demande à Dieu, qui donne à tous libéralement et sans reproche, et elle lui sera donnée » (Jacques 1, 5). En priant, le serviteur cherche non seulement des solutions pratiques, mais aussi une réponse spirituelle guidée par l'amour et la paix.

Le discernement spirituel permet de voir au-delà des émotions du moment et de percevoir les causes profondes du conflit. Cela permet au serviteur de répondre avec une sagesse divine, qui désire plus que résoudre le problème : elle veut restaurer l'unité et la paix dans le Corps du Christ.

L'Exemple de Jésus dans la Gestion des Conflits

Jésus est l'exemple suprême de la douceur dans la gestion des conflits. À travers Sa vie, Il a constamment montré comment répondre à l'opposition et à l'injustice avec calme, amour et dignité. Un exemple poignant est lorsqu'Il est jugé devant Pilate. Bien que Jésus ait été accusé à tort et maltraité, Il a choisi de ne pas répondre aux accusations, démontrant ainsi Sa confiance totale en Dieu et Sa volonté d'accomplir la volonté divine. Jésus nous montre que, parfois, répondre avec douceur dans un conflit implique de rester fidèle à notre appel, de garder notre calme et de laisser Dieu mener la réconciliation.

La gestion des conflits avec douceur est un aspect fondamental de la mission du serviteur de Dieu. En choisissant de répondre avec calme, discernement et amour, le serviteur incarne les valeurs du Christ et œuvre pour l'unité et la paix. Cette approche exige humilité, patience et un profond respect pour l'autre. Le serviteur de Dieu doit toujours se rappeler que, même dans les moments de tension et d'incompréhension, il est appelé à suivre l'exemple du Christ, qui a répondu à l'injustice par la douceur, cherchant toujours la restauration et la réconciliation.

Chapitre 8 : La Vie d'un Serviteur dans la Simplicité

Dans un monde où la recherche de statut, de richesse et de confort domine souvent, la simplicité est une vertu souvent négligée, mais elle est au cœur de la vie du serviteur de Dieu. La simplicité, loin de signifier pauvreté ou négligence, implique une vie orientée vers l'essentiel, où l'on cherche à vivre selon les principes divins plutôt que de se laisser emporter par les distractions et les désirs éphémères.

Le serviteur de Dieu est appelé à mener une vie simple, dépouillée des fardeaux inutiles qui encombrent son cœur et son esprit, et qui l'éloignent de sa mission divine. Jésus Lui-même a vécu dans une grande simplicité, choisissant de vivre sans possessions matérielles, sans confort excessif, et en se concentrant sur le service aux autres. Ce modèle de simplicité est un guide pour tout serviteur, afin de préserver une vie centrée sur Dieu, libre de l'influence des choses matérielles.

Dans ce chapitre, nous explorons la signification de la simplicité dans la vie d'un serviteur de Dieu, son importance et comment cette simplicité peut libérer et renforcer son ministère.

La Simplicité comme Voie de Liberté

Vivre dans la simplicité est avant tout une manière de se libérer des chaînes de la recherche incessante de richesse et de statut. Jésus nous enseigne à ce sujet dans Matthieu 6, 19 - 21 : « Ne vous amassez pas des trésors sur la terre… Mais amassez-vous des trésors dans le ciel. » En d'autres termes, la véritable richesse réside dans les trésors spirituels, et non dans les biens matériels. Le serviteur de Dieu, en embrassant cette simplicité, choisit de ne pas se laisser prisonnier des possessions et des soucis matériels. Cela permet de se concentrer sur la mission divine, en servant avec un cœur libre et détaché des préoccupations terrestres.

Un exemple inspirant de simplicité dans les Écritures est celui de l'apôtre Paul. Dans Philippiens 4, 12 - 13, il affirme : « Je sais vivre dans l'humilité, je sais aussi vivre dans l'abondance. En tout et pour tout, j'ai appris le secret d'être rassasié et d'avoir faim, d'être dans l'abondance et dans le besoin. Je puis tout par celui qui me fortifie. » Paul montre par ces paroles que peu importe les circonstances extérieures, il a appris à trouver sa satisfaction en Dieu seul, et à être libre des dépendances matérielles.

Le serviteur de Dieu qui vit dans la simplicité trouve en Dieu son tout, et non dans ce qu'il possède. Cette liberté spirituelle est indispensable pour mener un ministère efficace et être un témoin vivant de l'amour et de la grâce de Dieu.

Le Modèle de Jésus : Une Vie Simple et Sans Attachements

Jésus Lui-même a incarné la simplicité. Dans Son ministère, Il ne cherchait pas la reconnaissance ou l'accumulation de biens matériels. Il a choisi de vivre dans une modestie totale, sans domicile fixe, selon les paroles de Matthieu 8, 20 : « Les renards ont des trous et les oiseaux du ciel des nids, mais le Fils de l'homme n'a pas où reposer sa tête. » Jésus vivait dans une simplicité extrême, en mettant l'accent sur les relations humaines, sur l'amour et le service, plutôt que sur l'accumulation de richesses matérielles.

Sa vie de simplicité a permis à Jésus de rester concentré sur Sa mission, sans distractions, et d'offrir un exemple parfait à Ses disciples. Ce modèle est pour les serviteurs de Dieu un appel à vivre de manière détachée, à se libérer des préoccupations matérielles pour se consacrer pleinement à l'œuvre de Dieu.

L'Importance de l'Intérieur sur l'Extérieur

La simplicité ne se limite pas aux aspects externes de la vie, mais elle touche également l'intérieur du serviteur. Un serviteur simple est celui dont le cœur et l'esprit sont détachés des convoitises, des ambitions personnelles et des fiertés humaines. Jésus Lui-même a averti dans Luc 12, 15 : « Gardez-vous avec soin de toute avarice, car la vie d'un homme ne consiste pas dans l'abondance de ses biens. » La simplicité du serviteur est donc un choix intérieur de rechercher avant tout le Royaume de Dieu et Sa justice, en laissant de côté les distractions qui polluent l'âme.

Dans Matthieu 6, 22 - 23, Jésus explique également que « l'œil est la lampe du corps. Si ton œil est simple, tout ton corps sera éclairé. » La simplicité de cœur et d'esprit permet au serviteur de voir clairement la volonté de Dieu et de se concentrer sur ce qui est vraiment important. Cette clarté intérieure rend possible un service authentique, sans être distrait par des préoccupations futiles ou des ambitions personnelles.

La Simplicité dans la Vie Quotidienne du Serviteur

Vivre dans la simplicité ne consiste pas seulement à adopter une attitude détachée des biens matériels, mais aussi à simplifier ses priorités et ses engagements quotidiens. Le serviteur de Dieu doit veiller à ce que sa vie ne soit pas encombrée de distractions inutiles qui l'éloignent de sa mission. Dans une époque où le rythme de vie est frénétique et où les distractions numériques et sociales sont omniprésentes, il est essentiel que le serviteur de Dieu trouve des moments de solitude et de silence, pour se concentrer sur sa relation avec Dieu et renouveler son engagement dans la mission.

Cela implique également de simplifier ses activités et ses priorités. Un serviteur de Dieu devrait éviter d'être impliqué dans des projets qui ne servent pas directement à l'avancement du Royaume de Dieu. En ayant un emploi du temps plus simple, il peut consacrer plus de temps à la prière, à l'étude de la Parole et au service des autres, plutôt que de se laisser submerger par les exigences externes.

La Simplicité dans les Relations

Un aspect souvent négligé de la simplicité est son impact sur les relations. Le serviteur de Dieu, vivant dans la simplicité, est libre des jeux de pouvoir, de manipulation ou de fausses apparences. Il interagit avec les autres de manière authentique, sans prétention ni désir de reconnaissance. Cette simplicité crée un espace où l'on peut aimer et servir les autres de manière sincère, sans arrière-pensée. Jésus, tout au long de Son ministère, a montré cette simplicité dans Ses relations avec les autres. Il ne faisait pas de distinctions de statut social ou d'apparence extérieure, mais Il se rapprochait de ceux qui étaient rejetés et marginalisés, montrant ainsi que le véritable amour transcende les barrières sociales.

Le serviteur de Dieu est appelé à imiter cet exemple, en étant authentique dans ses relations, en servant avec un cœur pur, et en privilégiant la véritable communion fraternelle sur les apparences superficielles. La simplicité dans les relations est un témoignage puissant de l'humilité et de l'amour de Dieu.

La Simplicité comme Témoin de l'Amour de Dieu

La vie simple du serviteur de Dieu est un témoignage vivant de l'amour de Dieu et de la primauté de Son Royaume. En choisissant de vivre dans la simplicité, le serviteur montre que sa vie ne dépend pas des choses matérielles, mais de sa relation avec Dieu. C'est aussi un témoignage puissant dans un monde souvent obsédé par la consommation et la recherche du confort personnel. Par sa simplicité, le serviteur de Dieu peut attirer les autres à Christ, en montrant que la vraie paix et la vraie joie ne viennent pas des possessions, mais d'une vie vécue en communion avec Dieu.

La vie d'un serviteur dans la simplicité est un modèle puissant pour le monde. En choisissant de vivre de manière détachée des biens matériels et des préoccupations superficielles, le serviteur de Dieu se libère pour se concentrer sur sa mission divine. En suivant l'exemple de Jésus, il cherche à servir les autres avec humilité et à offrir une vie de témoignage authentique de l'amour de Dieu. La simplicité, loin d'être une restriction, est une voie de liberté, permettant au serviteur de vivre pleinement l'appel que Dieu lui a donné, sans distractions ni compromis.

Conclusion Partie 2 : La Délicatesse

La délicatesse, comme nous l'avons explorée au fil des chapitres, est une qualité essentielle dans la vie du serviteur de Dieu. Elle se manifeste à travers un service marqué par l'amour, la compassion et l'empathie. En cultivant cette délicatesse, le serviteur est capable d'aborder les autres avec un cœur sensible, respectueux et attentif à leurs besoins, tout en manifestant la douceur de Christ dans toutes ses interactions.

Nous avons vu que la délicatesse ne consiste pas simplement en un comportement extérieur, mais qu'elle émerge d'un cœur transformé, capable de percevoir les souffrances et les luttes des autres et de répondre avec bienveillance et discernement. La manière dont le serviteur gère les conflits, sert avec amour et se montre attentif aux besoins des autres démontre la profondeur de sa foi et son engagement à suivre l'exemple du Christ. En toute chose, la délicatesse est une invitation à servir avec humilité, à offrir un soutien sincère, et à apporter la paix là où règne le chaos.

La délicatesse, bien qu'elle demande de la vulnérabilité et un sens élevé de responsabilité, est également un puissant témoignage de l'amour de Dieu pour le monde. En répondant avec douceur, en cultivant l'empathie et en étant attentif aux petites choses qui font la différence, le serviteur devient un canal de la grâce de Dieu dans un monde souvent brisé et indifférent.

Ainsi, la délicatesse n'est pas seulement une forme de comportement, mais une vocation qui doit imprégner toute la vie du serviteur de Dieu. Elle est un reflet de la nature même du Christ, qui a été, et continue d'être, délicat et attentif aux besoins des hommes. Par cette délicatesse, le serviteur remplit pleinement sa mission d'amour, de guérison et de restauration, et devient un instrument efficace de la paix divine dans un monde en quête de réconfort et de lumière.

Dans cette partie, nous avons appris que la délicatesse n'est pas une option, mais une nécessité pour toute personne appelée à servir. C'est un art que le serviteur de Dieu doit perfectionner chaque jour, en se rappelant que chaque geste de compassion, chaque parole douce et chaque acte de service porte un poids éternel, reflétant l'amour infini du Christ envers tous ceux qu'il rencontre.

Partie 3 : La Dangerosité

La mission du serviteur de Dieu est un appel à se sacrifier pour le bien des autres et pour l'accomplissement du Royaume de Dieu. Si la dévotion et la délicatesse sont des qualités qui permettent de vivre une vie proche de Dieu et des autres, la dangerosité fait partie intégrante du chemin du serviteur. Il est important de comprendre que suivre le Christ, dans le cadre d'une mission divine, comporte des risques réels. Le serviteur de Dieu est appelé non seulement à aimer et servir, mais aussi à s'exposer à des défis, des épreuves et parfois à des dangers physiques ou spirituels.

Cette dimension de dangerosité est inextricablement liée à la nature même du ministère chrétien. Lorsque l'on se lance dans une mission de transformation, qu'elle soit spirituelle, sociale ou communautaire, on entre dans un terrain de confrontation avec les forces du mal, les injustices et les structures du péché dans ce monde. Le serviteur de Dieu, armé de sa foi, de sa dévotion et de sa délicatesse, devra parfois se tenir ferme face à la persécution, l'incompréhension et même la violence. Dans cette troisième partie, nous explorons comment la dangerosité fait partie de la vocation du serviteur de Dieu et comment il doit y répondre.

Chapitre 9 : Les Dangers Spirituels d'une Mission

La mission du serviteur de Dieu est un appel à agir dans un monde spirituellement complexe et souvent hostile. Si la mission d'un serviteur est marquée par des défis physiques et émotionnels, elle l'est aussi par des dangers spirituels qui peuvent s'avérer aussi dévastateurs, voire plus insidieux. Dans ce chapitre, nous explorons les dangers spirituels auxquels le serviteur de Dieu doit faire face, et comment il peut s'y préparer et les surmonter en restant ancré dans sa foi et son appel divin.

La Tentation de l'Orgueil : Une Attitude d'Indépendance

L'un des dangers spirituels les plus pernicieux auxquels un serviteur de Dieu peut être confronté est la tentation de l'orgueil. L'œuvre de Dieu, bien que nécessitant l'humilité et la dépendance totale à Lui, peut parfois conduire à un sentiment de réussite personnelle ou de supériorité spirituelle. Cela se produit lorsqu'un serviteur commence à croire que c'est par ses propres forces ou capacités qu'il accomplit l'œuvre de Dieu, oubliant que c'est Dieu qui donne la puissance et les ressources nécessaires à toute mission. L'orgueil peut se manifester sous diverses formes : la recherche de gloire personnelle, la comparaison avec les autres ministères, ou la pensée que l'on est indispensable à l'œuvre de Dieu.

Le serviteur de Dieu doit constamment se rappeler que tout ce qu'il fait, il le fait par la grâce de Dieu. Dans 1 Pierre 5, 5 - 6, l'apôtre Pierre dit : « Revêtez-vous tous d'humilité dans vos rapports mutuels, car Dieu résiste aux orgueilleux, mais il fait grâce aux humbles. Humiliez-vous donc sous la puissante main de Dieu, afin qu'il vous élève en temps voulu ». L'humilité est une défense puissante contre l'orgueil, et le serviteur doit rester vigilant contre cette tentation.

La Séduction par le Péché : Détournement de la Mission

Un autre danger spirituel majeur réside dans la séduction par le péché. Le serviteur de Dieu, en se consacrant à sa mission, peut se retrouver confronté à des tentations spécifiques qui l'éloignent progressivement de son appel. Ces tentations peuvent être liées à des péchés personnels, comme la convoitise, la colère, ou l'envie, ou elles peuvent se manifester sous la forme de distractions qui détournent le serviteur de son but spirituel.

Le péché, même sous ses formes les plus subtiles, est un danger spirituel qui peut saboter la mission. Jésus avertit dans Matthieu 6, 24 : « Nul ne peut servir deux maîtres… vous ne pouvez servir Dieu et Mammon. » Le serviteur de Dieu doit éviter toute forme de compromis avec le péché, car cela affaiblit sa relation avec Dieu et nuit à son efficacité dans la mission.

Les distractions mondaines et la tentation de rechercher des satisfactions immédiates peuvent éloigner le serviteur de sa véritable mission. L'apôtre Paul, dans 2 Timothée 2, 4, exhorte ses lecteurs : « Aucun soldat ne se laisse entraîner dans les affaires de la vie, car il cherche à plaire à celui qui l'a enrôlé ». La mission divine exige une concentration constante sur l'appel, en évitant les pièges du péché qui mènent à l'éloignement spirituel.

La Luttes Spirituelles et les Attaques du Diable

Dans toute mission, le serviteur de Dieu se trouve dans une lutte spirituelle constante contre l'ennemi. Le Diable et ses agents cherchent à semer le doute, la confusion, la peur et l'incrédulité dans le cœur du serviteur. Les attaques spirituelles peuvent se manifester par des pensées négatives, des doutes sur l'appel divin, des difficultés dans la prière, ou même des épreuves qui semblent venir d'une origine surnaturelle.

L'ennemi tente souvent d'empêcher le serviteur de rester fidèle à sa mission en lançant des attaques sur son identité en Christ, en cherchant à le faire douter de l'amour de Dieu ou de son efficacité dans le ministère. Jésus avertit Ses disciples : « Voici, je vous envoie comme des brebis au milieu des loups » (Matthieu 10, 16), signalant que la mission du serviteur sera semée d'embûches spirituelles.

Pour résister à ces attaques, le serviteur de Dieu doit s'armer de la Parole de Dieu, de la prière et de la foi. L'apôtre Paul nous rappelle dans Éphésiens 6, 11 : « Revêtez-vous de l'armure de Dieu, afin de pouvoir tenir ferme contre les ruses du diable ». L'armure spirituelle, comprenant la vérité, la justice, la paix, la foi, le salut et la Parole de Dieu, permet au serviteur de résister fermement aux tentations et attaques spirituelles.

Le Danger de la Fatigue Spirituelle : S'épuiser Dans le Ministère

Le serviteur de Dieu peut également faire face à un danger spirituel qui, bien que souvent négligé, est tout aussi grave : la fatigue spirituelle. Dans son zèle pour accomplir la mission, le serviteur peut se laisser envahir par les tâches, les responsabilités et les attentes, jusqu'à l'épuisement. Ce surmenage spirituel peut l'amener à négliger sa relation personnelle avec Dieu, à perdre sa joie de servir et à devenir vulnérable à l'influence du découragement et de la dépression.

La fatigue spirituelle est souvent un signe que le serviteur a négligé l'importance de la solitude avec Dieu et de la régénération spirituelle. Jésus Lui-même a pris des moments pour se retirer dans la prière et la méditation, malgré les pressions constantes de la foule et des disciples. Dans Marc 1, 35, il est écrit : « Le matin, quand il faisait encore très sombre, Jésus se leva, sortit, et s'en alla dans un endroit désert, là il pria ».

Le serviteur de Dieu doit apprendre à gérer son temps et ses priorités, en cherchant régulièrement à se ressourcer spirituellement. La prière, la méditation de la Parole, et le repos physique et émotionnel sont essentiels pour éviter l'épuisement spirituel et maintenir une relation profonde avec Dieu.

L'Isolation Spirituelle : Perdre le Sens de la Communauté

Enfin, un autre danger spirituel majeur est l'isolement. Un serviteur de Dieu, en se concentrant sur sa mission, peut parfois s'éloigner de la communauté chrétienne et perdre le soutien spirituel nécessaire pour persévérer. L'isolement peut conduire à des sentiments de solitude, de confusion, et d'incertitude. C'est dans la communion avec d'autres croyants que le serviteur trouve du réconfort, des encouragements, et de la sagesse pour continuer sa mission.

Hébreux 10, 25 nous rappelle : « N'abandonnons pas notre assemblée, comme certains en ont l'habitude, mais encourageons-nous mutuellement. » Le serviteur de Dieu doit veiller à rester connecté à une communauté de foi, à recevoir des conseils spirituels et à partager ses luttes pour rester fort dans la mission.

Les dangers spirituels auxquels un serviteur de Dieu est confronté sont variés et peuvent être subtils, mais ils sont réels. Le serviteur doit être vigilant, armé de la Parole de Dieu, de la prière et de la communauté chrétienne pour résister à ces attaques. La mission du serviteur est un combat spirituel constant, mais dans chaque lutte, il trouve sa victoire en Christ, qui lui donne la force et la sagesse nécessaires pour poursuivre sa mission. L'appel divin, bien que dangereux, est aussi une source de grande récompense et de croissance spirituelle pour celui qui persévère jusqu'au bout.

Chapitre 10 : Le Sacrifice Personnel du Serviteur

La mission du serviteur de Dieu n'est pas sans coût. Dans l'appel à servir, il existe une réalité fondamentale que chaque serviteur doit affronter : le sacrifice personnel. Être serviteur de Dieu implique souvent de renoncer à ses propres désirs, à ses ambitions et à ses conforts personnels pour vivre pleinement au service des autres et de l'Évangile. Ce sacrifice est au cœur de l'appel chrétien et fait écho à la vie même du Christ, qui a sacrifié Sa vie pour le salut du monde.

Dans ce chapitre, nous explorons la dimension du sacrifice personnel dans la vie du serviteur, en abordant différents aspects de ce sacrifice : l'abandon des ambitions personnelles, le renoncement aux plaisirs et aux conforts du monde, et la disposition à donner sa vie pour la cause de l'Évangile. Le sacrifice personnel est une composante inévitable de la mission divine, mais c'est aussi une source de bénédictions éternelles.

Le Sacrifice du Temps : Renoncer à Son Propre Agenda

L'un des premiers sacrifices que le serviteur de Dieu doit faire est celui de son temps. La mission exige souvent une disponibilité totale, sans regarder l'heure, sans attendre de récompense immédiate. Le serviteur est appelé à se consacrer pleinement à l'œuvre de Dieu, parfois au détriment de ses propres projets personnels et de ses aspirations individuelles.

Le temps est une ressource précieuse, et en choisissant de le consacrer à servir les autres, le serviteur se place dans une posture de renoncement. Cela peut signifier de passer des heures dans la prière, de donner de son temps pour des visites, des actions de bénévolat, ou même de répondre aux besoins imprévus des personnes qu'il sert.

Jésus Lui-même a démontré ce sacrifice de temps dans Son ministère terrestre. Par exemple, dans Marc 1, 35, après une journée pleine de guérisons et de prédications, Jésus se retire dans un endroit désert pour prier. Bien que le besoin autour de Lui fût immense, Il choisit de se retirer pour nourrir sa relation avec le Père et retrouver la force nécessaire pour continuer sa mission. Le serviteur de Dieu est appelé à imiter cet exemple, à ne pas se laisser emporter par l'agenda personnel, mais à discerner les moments où il doit sacrifier son temps pour répondre à l'appel divin.

Le Sacrifice des Conforts Personnels : Renoncer au Matériel

Le sacrifice personnel va au-delà du temps et touche également les aspects matériels de la vie. Le serviteur de Dieu doit souvent renoncer à un confort matériel pour accomplir sa mission. Cela peut se traduire par une vie simple et modeste, sans chercher à accumuler des biens ou à vivre dans l'opulence. L'appel à vivre sobrement ne signifie pas une vie sans joie, mais plutôt une vie qui privilégie les valeurs spirituelles sur les valeurs mondaines.

Jésus, dans Matthieu 8, 20, a déclaré : « Les renards ont des tanières, et les oiseaux du ciel ont des nids, mais le Fils de l'homme n'a pas où reposer sa tête ». En prononçant ces mots, Jésus illustrait la réalité de la vie du serviteur : un voyage sans fin vers la réalisation de la mission, souvent dans des conditions de précarité. Le serviteur de Dieu doit être prêt à vivre sans attachement excessif aux biens matériels et à chercher d'abord le Royaume de Dieu, sachant que Dieu pourvoira à ses besoins selon Sa richesse et Sa gloire.

Le sacrifice des biens matériels peut aussi signifier l'abandon de certaines sécurités, comme des emplois lucratifs ou des carrières prometteuses, pour se consacrer entièrement à l'œuvre de Dieu. L'apôtre Paul, dans Philippiens 3, 8, exprime cette idée en ces termes : « Je considère tout comme une perte à cause de l'excellence de la connaissance de Jésus-Christ, mon Seigneur ».

Le Sacrifice des Relations Personnelles : L'Appel à Prioriser Dieu

Un autre aspect du sacrifice personnel est celui des relations personnelles. Suivre Dieu peut entraîner des tensions, voire des ruptures, dans les relations familiales, amicales ou sociales. Jésus avertit dans Matthieu 10, 37 : « Celui qui aime son père ou sa mère plus que moi n'est pas digne de moi ; et celui qui aime son fils ou sa fille plus que moi n'est pas digne de moi ». Ce passage, bien que difficile, souligne la priorité absolue de la mission de Dieu sur toute autre relation.

Le serviteur de Dieu est appelé à mettre Dieu en premier, ce qui peut parfois signifier un sacrifice dans ses relations les plus proches. Par exemple, un serviteur peut être appelé à quitter sa famille ou son pays pour une mission dans un autre lieu, un autre contexte. Ce sacrifice n'est pas une dévalorisation de l'amour familial, mais une reconnaissance que la mission de Dieu transcende tous les autres engagements.

De même, le serviteur peut faire face à des moments où ses valeurs chrétiennes et sa foi sont en conflit avec des relations ou des attentes sociales. Le courage de suivre Dieu au lieu de céder aux pressions humaines est une forme de sacrifice qui témoigne de l'engagement total envers l'appel divin.

Le Sacrifice de Soi : Abandonner Ses Propres Désirs et Ambitions

Un aspect fondamental du sacrifice personnel est l'abandon des désirs et ambitions propres pour se conformer à la volonté de Dieu. Dans Luc 9, 23, Jésus dit : « Si quelqu'un veut venir après moi, qu'il renonce à lui-même, qu'il prenne sa croix chaque jour et qu'il me suive. » Le serviteur de Dieu doit renoncer à ses propres désirs égoïstes, à ses ambitions personnelles, et accepter le fait que sa vie n'est plus la sienne.

Cela peut impliquer de choisir d'ignorer ses désirs de confort personnel ou de statut social, pour s'engager pleinement dans l'œuvre de Dieu. Ce sacrifice se manifeste dans une vie de soumission totale à la volonté de Dieu, quelle que soit la direction qu'Il donne. L'exemple de Paul dans Philippiens 3, 7 - 8 est frappant : « Mais ce qui était pour moi un gain, je l'ai considéré comme une perte à cause de Christ ». Le serviteur doit comprendre que le véritable gain réside dans la volonté de Dieu, et que tout autre désir est secondaire.

Le Sacrifice Ultime : Être Prêt à Donner Sa Vie pour l'Œuvre de Dieu

Le sacrifice personnel atteint son sommet lorsque le serviteur de Dieu est prêt à sacrifier sa propre vie pour l'accomplissement de la mission. Jésus Lui-même a montré ce sacrifice ultime sur la croix, en donnant Sa vie pour le salut de l'humanité. Le serviteur de Dieu est appelé à suivre cet exemple, non seulement en matière de service, mais aussi en étant prêt à donner sa vie, littéralement ou symboliquement, pour l'œuvre de Dieu.

L'apôtre Paul, qui a souvent risqué sa vie pour prêcher l'Évangile, déclare dans Galates 2, 20 : « J'ai été crucifié avec Christ ; ce n'est plus moi qui vis, c'est Christ qui vit en moi ». Le serviteur est invité à considérer sa propre vie comme une offrande, prête à être donnée pour la gloire de Dieu. Ce sacrifice peut se manifester dans des moments de persécution, de souffrance ou de renoncement, mais c'est aussi une expression de l'amour et de l'engagement profond envers l'appel divin.

Le sacrifice personnel est une partie intégrante de la mission du serviteur de Dieu. Qu'il s'agisse de donner de son temps, de ses ressources, de ses relations, ou de sa propre vie, le serviteur est appelé à renoncer à lui-même pour se consacrer entièrement à l'œuvre de Dieu. Cependant, ce sacrifice n'est jamais inutile. Chaque acte de sacrifice est une semence qui porte du fruit pour l'éternité. Le serviteur de Dieu, tout en sacrifiant ce qui est temporaire et terrestre, reçoit en retour les bénédictions spirituelles et éternelles que seul Dieu peut offrir. C'est dans ce sacrifice que le serviteur trouve véritablement sa vie en Christ, et que l'œuvre de Dieu se déploie pleinement.

Chapitre 11 : La Persécution et la Persévérance

La mission du serviteur de Dieu, bien que remplie de bénédictions, n'est pas exempte de difficultés. L'un des aspects les plus éprouvants et redoutés de cette mission est la persécution. En effet, celui qui choisit de suivre Jésus et de servir dans Son nom peut se retrouver face à des épreuves, des oppositions et des attaques sur plusieurs fronts : spirituel, physique, émotionnel, et social. Cependant, la persécution n'est pas la fin de l'histoire. Elle devient, pour celui qui persévère, un moyen de manifester la gloire de Dieu et de se rapprocher davantage de Son Christ souffrant. Dans ce chapitre, nous explorons la réalité de la persécution, les raisons pour lesquelles le serviteur doit persévérer, et les bénédictions qui découlent de cette persévérance.

La Réalité de la Persécution : Un Événement Inévitable

Le serviteur de Dieu ne peut échapper à la réalité de la persécution. Jésus Lui-même a averti Ses disciples : « Si le monde vous hait, sachez qu'il m'a haï avant vous » (Jean 15, 18). La persécution fait partie du cheminement du serviteur de Dieu. Ceux qui suivent le Christ et annoncent Son Évangile, souvent contre la culture dominante et les systèmes du monde, se heurtent inévitablement à l'opposition.

La persécution peut se manifester sous diverses formes : des moqueries, des intimidations, des accusations fausses, l'isolement social, voire la violence physique. Dans certains contextes, elle peut même aller jusqu'à l'emprisonnement ou la mort. L'apôtre Paul, lui-même persécuté pour sa foi, rappelle à Timothée dans 2 Timothée 3, 12 : « Et tous ceux qui veulent vivre pieusement en Jésus-Christ souffriront persécution ». Ainsi, la persécution devient une partie intégrante de l'expérience chrétienne authentique.

Cependant, au lieu de la considérer comme une tragédie, le serviteur de Dieu doit la voir comme une opportunité de manifester la puissance de Dieu, d'approfondir sa foi, et d'entrer en communion avec la souffrance du Christ. Jésus a également dit dans Matthieu 5, 11 - 12 : « Heureux êtes-vous lorsque l'on vous insulte et qu'on vous persécute, et que l'on dit faussement contre vous toute sorte de mal à cause de moi. Réjouissez-vous et soyez dans l'allégresse, car votre récompense sera grande dans les cieux ».

Les Raisons de la Persécution : Pourquoi le Serviteur Est-Il Persécuté ?

La persécution découle du contraste entre les valeurs du royaume de Dieu et celles du monde. Le serviteur de Dieu, en proclamant l'Évangile et en vivant selon les principes de l'amour, de la justice, de la vérité, et de l'humilité, entre en conflit direct avec un monde qui préfère les principes de l'égoïsme, de l'injustice, de l'indifférence et de l'orgueil.

La persécution, selon les Écritures, est aussi un signe que le serviteur de Dieu se trouve dans la bonne voie, en fidélité à son appel. Le monde, qui rejette Dieu et Son message, ne peut que haïr ceux qui témoignent de Sa vérité. Jésus, dans Jean 16, 33, a dit : « Vous aurez des tribulations dans le monde, mais prenez courage, j'ai vaincu le monde ».

La persécution peut également découler de la lumière que le serviteur de Dieu projette par sa vie. Jésus nous a appelés à être « la lumière du monde » (Matthieu 5, 14). La lumière, en éclairant, révèle aussi ce qui est caché dans les ténèbres. En vivant selon l'Évangile, le serviteur expose l'injustice, l'hypocrisie et les péchés du monde, ce qui peut entraîner la réaction hostile de ceux qui préfèrent l'obscurité à la lumière.

La Persévérance : Rester Ferme dans l'Appel de Dieu

Face à la persécution, le serviteur de Dieu est appelé à persévérer. La persévérance n'est pas simplement un acte de résistance passive ; elle est un choix actif de rester fidèle à l'appel divin, malgré les épreuves. Ce choix de persévérer est soutenu par une conviction profonde que Dieu est avec lui dans chaque épreuve, qu'Il est plus fort que les adversités qu'il affronte.

L'apôtre Paul, dans 2 Corinthiens 4, 8 - 9, exprime cette idée avec force : « Nous sommes pressés de toute manière, mais non écrasés ; dans la détresse, mais non désespérés ; persécutés, mais non abandonnés ; abattus, mais non perdus ». Cette résilience, cette persévérance dans la foi, est rendue possible grâce à la puissance de Dieu qui fortifie le croyant.

Il est important de comprendre que la persévérance n'est pas simplement une endurance passive, mais une fidélité active à Dieu, au-delà des circonstances adverses. Jésus Lui-même a donné l'exemple ultime de persévérance lorsqu'Il a supporté la croix pour accomplir la volonté de Son Père, sachant que cette souffrance était le prix à payer pour la rédemption du monde.

La Récompense de la Persévérance : Bénédictions Eternelles

Bien que la persécution soit douloureuse, elle ne reste jamais sans récompense. Le serviteur de Dieu est appelé à persévérer, non seulement pour sa fidélité, mais aussi pour les bénédictions qui en découlent. En Matthieu 5, 11 - 12, Jésus promet une grande récompense dans les cieux à ceux qui sont persécutés à cause de Lui. Cette récompense n'est pas immédiate, mais éternelle. La persécution est une occasion d'investir dans des trésors célestes qui ne se faneront jamais.

Dans 2 Corinthiens 4, 17, Paul rappelle que « cette légère tribulation d'un instant produit pour nous un poids éternel de gloire qui dépasse toute mesure ». La souffrance vécue sur Terre est une forme de participation à la souffrance du Christ, et, par conséquent, une manière de s'identifier à Lui. Jésus a dit à Ses disciples dans Luc 6, 22 - 23 : « Heureux êtes-vous lorsque les hommes vous haïssent, lorsqu'ils vous excluent et vous outragent, et qu'ils rejettent votre nom comme infâme à cause du Fils de l'homme ! Réjouissez-vous-en ce jour-là et sautez d'allégresse, car voici, votre récompense est grande dans le ciel ».

L'Appel à Témoigner dans la Persécution

La persécution n'est pas seulement un test de foi, mais aussi une occasion pour le serviteur de rendre témoignage de sa foi en Dieu. Dans ces moments d'épreuves, il peut devenir un témoin vivant de la fidélité de Dieu et de la puissance de l'Évangile. Dans Matthieu 10, 18 - 20, Jésus dit : « Vous serez menés devant les gouverneurs et les rois à cause de moi, pour leur servir de témoignage. Mais quand on vous livrera, ne vous inquiétez pas de ce que vous direz, car ce que vous aurez à dire vous sera donné à l'heure même ».

Le serviteur doit saisir chaque occasion de témoigner de la gloire de Dieu même dans les moments les plus sombres. La persécution peut devenir un puissant témoignage de la vérité de l'Évangile et de la victoire du Christ sur toute souffrance et adversité.

La persécution est une réalité inévitable pour tout serviteur de Dieu qui vit de manière fidèle et authentique son appel. Cependant, elle n'est pas un obstacle, mais une occasion de se rapprocher de Christ et de manifester Sa gloire au monde. La persévérance face à la persécution est une manifestation de la foi profonde et de la conviction que Dieu est toujours fidèle. En restant fermes dans l'appel divin, les serviteurs de Dieu trouveront leur récompense éternelle, non seulement dans la gloire à venir, mais aussi dans la transformation profonde de leur caractère à l'image de Christ.

Chapitre 12 : Le Serviteur et le Combat pour la Justice

Le serviteur de Dieu ne se contente pas de répondre aux besoins spirituels des autres ; il est également appelé à défendre la justice, à plaider pour les opprimés et à se lever contre toute forme d'injustice dans le monde. Le combat pour la justice fait partie intégrante de la mission du serviteur, car celui-ci est censé vivre selon les principes du Royaume de Dieu, un Royaume fondé sur la vérité, la justice et la paix. Dans ce chapitre, nous explorons l'appel du serviteur à être un défenseur de la justice, les principes bibliques de la justice, et comment ce combat est vécu dans un monde souvent marqué par l'injustice, l'inégalité et l'oppression.

La Justice selon Dieu : Un Appel à l'Équité et à l'Amour

La justice dans la Bible ne se limite pas à l'application des lois ou à la punition des coupables ; elle englobe également l'idée de rendre à chacun ce qui lui est dû, de protéger les opprimés, de défendre les droits des pauvres, des étrangers, des orphelins et des veuves. Dans le livre d'Amos 5, 24, Dieu dit : « Que la justice roule comme l'eau, et la droiture comme un torrent qui déborde ». La justice que Dieu attend de Ses serviteurs est celle qui s'exprime par des actions concrètes d'équité et de compassion.

Dans l'Ancien Testament, Dieu a constamment exhorté Son peuple à défendre les plus vulnérables de la société. Par exemple, dans Deutéronome 10, 18, Dieu rappelle : « Il fait droit à l'orphelin et à la veuve, il aime l'étranger, il lui donne du pain et des vêtements ». Ce principe de justice sociale se retrouve également dans les enseignements de Jésus. Dans Luc 4, 18 - 19, Jésus proclame que l'Esprit du Seigneur est sur Lui pour annoncer la bonne nouvelle aux pauvres, proclamer la délivrance aux captifs, rendre la vue aux aveugles et libérer les opprimés. Le serviteur de Dieu est donc appelé à poursuivre cette œuvre de justice et de libération.

Le Combat contre l'Injustice : Se Lever pour les Opprimés

L'injustice, qu'elle soit sociale, économique, raciale ou politique, est un fléau qui traverse l'histoire de l'humanité. En tant que serviteur de Dieu, il n'est pas question de se détourner de la souffrance des autres ou d'ignorer les injustices. Bien au contraire, le serviteur est appelé à se lever contre l'injustice et à plaider la cause des opprimés.

Cela implique de dénoncer les injustices, même si elles sont commises par des autorités ou des institutions puissantes. Dans Esaïe 1, 17, Dieu exhorte : « Apprenez à faire le bien, recherchez la justice, protégez l'opprimé, faites droit à l'orphelin, défendez la veuve ». Ce verset montre que la justice implique une action concrète pour protéger les plus vulnérables, que ce soit par des actes de solidarité, de défense des droits humains ou d'engagement social. Le serviteur de Dieu doit être une voix pour ceux qui n'en ont pas et se tenir aux côtés des victimes d'injustice.

La Résistance à l'Injustice : Pratiquer la Justice dans le Contexte du Monde Moderne

Dans un monde moderne où les inégalités et les injustices sont souvent institutionnalisées, le serviteur de Dieu doit faire preuve de courage pour dénoncer ce qui est injuste. Il est important de reconnaître que la justice divine ne se limite pas à des actes individuels, mais elle inclut aussi la dénonciation des systèmes injustes. Le serviteur n'a pas à se contenter de dire « tout va bien » quand des injustices sont évidentes. Il doit être un artisan de changement, se battant pour une transformation radicale des systèmes, des politiques et des comportements qui perpétuent les injustices.

Ce combat pour la justice peut prendre de nombreuses formes : l'engagement dans des œuvres humanitaires, le soutien à des mouvements de défense des droits civiques, la lutte contre la pauvreté, la promotion de l'égalité entre les sexes et les races, ou encore la dénonciation de la corruption et de l'exploitation des plus faibles. Jésus Lui-même a défié les autorités religieuses de Son époque pour dénoncer leur hypocrisie et leur manque de compassion, en particulier lorsqu'elles oppressaient les plus démunis. Il a réprimandé ceux qui ne pratiquaient pas la justice, et a appelé à un changement radical du cœur et des actions.

La Justice, la Miséricorde et l'Humilité : Agir avec Amour et Compassion

Il est important de souligner que la lutte pour la justice ne doit pas être détachée de l'amour et de la miséricorde. Le serviteur de Dieu doit porter la justice avec humilité, sans arrogance ni jugement. L'apôtre Jacques, dans Jacques 2, 13, dit : « La miséricorde triomphe du jugement ». Lorsqu'il lutte pour la justice, le serviteur ne doit pas se comporter comme un accusateur, mais comme un agent de guérison, offrant une voie de réconciliation et de transformation. Cela implique d'agir avec compassion, non seulement envers les victimes, mais aussi envers ceux qui commettent des injustices, dans l'espoir de leur apporter la lumière du Christ.

Jésus nous a montré l'exemple ultime de ce principe lorsqu'Il a révélé que la justice du Royaume de Dieu n'est pas une simple application des règles, mais un reflet de l'amour et de la miséricorde divins. Dans Matthieu 23, 23, Il critique ceux qui observent la lettre de la loi sans manifester les « poids lourds » de la justice, de la miséricorde et de la fidélité. Le serviteur de Dieu est appelé à lutter pour la justice tout en pratiquant l'amour et la miséricorde, car ces deux valeurs sont indissociables dans le Royaume de Dieu.

La Justice et le Royaume de Dieu : Espérer en un Futur Meilleur

Le combat pour la justice n'est pas seulement une mission terrestre, mais une participation à l'établissement du Royaume de Dieu, qui sera pleinement manifesté dans la vie à venir. Dans ce Royaume, la justice prévaudra. Le serviteur de Dieu lutte pour la justice non seulement en réponse aux injustices présentes, mais aussi dans l'espérance de la restauration de toute chose lorsque Dieu établira Sa justice éternelle. C'est un combat, mais un combat qui est empreint d'espérance.

Dans Apocryphe 21, 4, Dieu promet de « essuyer toute larmes de leurs yeux, et il n'y aura plus de mort, ni de deuil, ni de cri, ni de douleur ». La justice divine sera accomplie dans ce Royaume où toutes les injustices seront corrigées. Le serviteur de Dieu travaille, tout en attendant, à l'édification de ce Royaume ici-bas, en répandant l'amour et la justice dans un monde brisé.

La Pratique de la Justice dans la Vie Quotidienne du Serviteur

Le serviteur de Dieu ne doit pas seulement lutter pour la justice à un niveau global ou communautaire, mais aussi pratiquer la justice dans sa vie quotidienne. Cela signifie être juste dans ses relations personnelles, dans ses choix financiers, dans sa manière de traiter les autres, et dans sa gestion des ressources. Chaque acte quotidien, aussi petit soit-il, peut refléter la justice de Dieu.

Par exemple, le serviteur de Dieu est appelé à agir avec intégrité dans ses affaires, à être juste avec les autres dans ses paroles et ses actions, et à veiller à ce que les autres, notamment les plus vulnérables, soient traités avec respect et dignité. Dans ses relations de travail, il doit être un modèle d'honnêteté, de transparence et de solidarité, en veillant à ce que personne ne soit exploité.

Le serviteur de Dieu est appelé à un combat pour la justice. Ce combat exige de la persévérance, de la compassion et un engagement profond à défendre les opprimés, dénoncer les injustices et promouvoir l'équité. Cependant, ce combat ne se mène pas seulement dans des actions extérieures ; il commence dans le cœur du serviteur, qui doit incarner dans sa vie quotidienne les valeurs de la justice divine. En agissant ainsi, le serviteur devient un témoin du Royaume de Dieu, un royaume de justice, de paix et d'amour. Dans ce combat, il est encouragé par l'espérance que, bien que la justice puisse sembler lointaine, elle sera pleinement réalisée dans le retour glorieux de Christ.

Conclusion Partie 3 : La Dangerosité

La mission du serviteur de Dieu est indéniablement marquée par des défis et des risques. Tout au long de cette partie, nous avons exploré les différentes dimensions de la dangerosité qui accompagne cet appel divin : les dangers spirituels, les sacrifices personnels, les persécutions et les luttes pour la justice. Ces éléments ne sont pas là pour effrayer le serviteur de Dieu, mais pour souligner la profondeur de son engagement et la nécessité d'une foi solide et d'une persévérance inébranlable.

La dangerosité de la mission du serviteur révèle la tension constante entre la lumière du Royaume de Dieu et les ténèbres de ce monde. Servir Dieu implique de se confronter à des forces spirituelles opposées, à des persécutions, à des épreuves et parfois même à des sacrifices qui mettent en jeu la vie même du serviteur. Cependant, ce combat, loin d'être une malédiction, est une opportunité de grandir dans la foi, de vivre l'exemple de Christ, et de participer à l'œuvre rédemptrice de Dieu dans le monde.

Le serviteur de Dieu doit être conscient que cette mission comporte des risques, mais il doit également se rappeler qu'il n'est jamais seul dans son combat. Dieu, par Son Esprit, le fortifie et lui donne la sagesse pour affronter chaque difficulté. Comme l'apôtre Paul l'a exprimé dans 2 Corinthiens 12, 9, « Ma grâce te suffit, car ma puissance s'accomplit dans la faiblesse ». La dangerosité de la mission est transformée en une occasion de témoigner de la puissance de Dieu dans la faiblesse humaine.

Ainsi, la dangerosité, loin d'être un obstacle, devient un moteur pour le serviteur de Dieu. Chaque défi et chaque danger sont une occasion de se rapprocher de Dieu, de s'appuyer sur Sa force, et de manifester la gloire de Son nom. En persévérant dans cette mission, le serviteur ne cherche pas seulement à accomplir un appel divin, mais il se rend participant à la mission de réconciliation que Dieu a donnée au monde.

Finalement, le serviteur de Dieu vit une mission en trois dimensions — **Dévotion, Délicatesse et Dangerosité** — qui le façonne à l'image du Christ. Une mission marquée par un engagement profond et une obéissance totale à la volonté de Dieu. Une mission qui exige une sensibilité et un amour pour les autres, un appel à la justice et à la vérité. Et une mission qui, bien que dangereuse, est aussi une source de bénédictions éternelles et d'une transformation intérieure radicale.

Le serviteur est appelé à traverser les dangers avec foi et courage, sachant que les épreuves qu'il traverse ne sont pas vaines, mais qu'elles produiront en lui une gloire éternelle et une communion plus intime avec son Maître.

Conclusion Générale : L'Honneur d'être un Serviteur de Dieu

Être un serviteur de Dieu est l'un des plus grands honneurs qu'un croyant puisse recevoir. Tout au long de ce livre, nous avons exploré les trois dimensions fondamentales de cette mission divine : **la Dévotion, la Délicatesse** et **la Dangerosité**. Ces dimensions révèlent la profondeur et la richesse de l'appel divin, mais aussi les défis et les sacrifices qui l'accompagnent. Cependant, au-delà des difficultés, il est essentiel de réaliser que l'honneur d'être un serviteur de Dieu transcende toutes les épreuves et les luttes auxquelles nous sommes confrontés.

Le serviteur de Dieu est celui qui répond à l'appel divin avec humilité, obéissance et engagement. C'est un être qui choisit de se soumettre à la volonté de Dieu, de se laisser guider par Sa Parole, de vivre dans l'amour et la justice, et de porter la lumière du Christ dans un monde marqué par les ténèbres. Cet honneur est une vocation de toute une vie, un cheminement constant vers la sanctification et l'accomplissement de la mission divine de réconciliation.

La Dévotion, première dimension de la mission, nous rappelle que le serviteur est d'abord appelé à une relation intime avec Dieu. Cette relation, fondée sur la prière, la Parole et l'adoration, est la source de toute sa force et de son engagement. Le serviteur ne sert pas par contrainte, mais par amour, parce qu'il connaît l'immensité de l'amour de Dieu pour lui. Cette dévotion profonde devient le moteur de toutes ses actions, nourrissant sa fidélité, sa persévérance et son courage face aux défis.

La Délicatesse, ensuite, nous enseigne que le serviteur de Dieu ne se contente pas d'une mission froide et distante, mais qu'il est appelé à servir avec un cœur sensible, rempli de compassion et de bienveillance. Il sait que l'appel à servir les autres exige une profonde attention aux besoins des plus vulnérables et des souffrants. Le serviteur incarne la douceur, la miséricorde et l'amour de Dieu dans toutes ses interactions, apportant réconfort et espoir là où il y a douleur et détresse.

Enfin, **la Dangerosité** souligne que la mission du serviteur n'est pas sans risques. En servant Dieu, le croyant s'engage dans un combat spirituel, un chemin de sacrifices et de luttes, parfois même face à des persécutions et à des adversités. Toutefois, ces dangers ne sont pas là pour décourager le serviteur, mais pour le purifier, le renforcer et le rendre plus semblable à Christ. C'est dans ces épreuves que la gloire de Dieu peut briller le plus fortement, lorsque le serviteur choisit de persévérer dans la foi, avec l'assurance que Dieu est toujours avec lui.

À travers ces trois dimensions, le serviteur de Dieu devient un témoin vivant de l'Évangile, un instrument de transformation dans ce monde, un ambassadeur du Royaume de Dieu. Son honneur ne réside pas dans la reconnaissance humaine, mais dans le fait qu'il répond à l'appel de Dieu, un appel qui dépasse le temps et les circonstances. Il est appelé à semer la vérité, à apporter la lumière et à manifester l'amour de Dieu, tout en sachant que sa récompense ultime ne se trouve pas sur cette terre, mais dans la gloire céleste.

Le serviteur de Dieu vit dans la certitude que son travail n'est jamais en vain. Même lorsque les épreuves semblent l'accabler, il sait que chaque souffrance, chaque sacrifice, chaque acte de foi et de service est un témoignage de l'amour de Dieu pour ce monde et une semence pour le Royaume à venir. Et, un jour, lorsqu'il se tiendra devant Dieu, il pourra entendre ces mots magnifiques : « Bien bon et fidèle serviteur, entre dans la joie de ton Seigneur » (Matthieu 25, 21).

En conclusion, être un serviteur de Dieu est un honneur incomparable, un appel noble qui transcende tout. C'est un chemin difficile, mais riche de sens et de promesses éternelles. En répondant à cet appel, chaque serviteur participe à l'œuvre divine de réconciliation et de salut, apportant sur Terre un avant-goût du Royaume des cieux.

Bibliographie

1. Jean-Pierre M., « Serviteur de Dieu : L'appel à la mission », Éditions du Ciel, 2015, France.

2. Henri N., « Dévotion et Engagement : L'art de servir dans le Christ », Presses Universitaires de Lyon, 2018, France.

3. Sophie L., « La Délicatesse du Serviteur : Une mission de cœur », Éditions du Temple, 2012, Canada.

4. Paul S., « La Dangerosité de la Foi : L'appel et les défis du serviteur », Éditions du Renouveau, 2020, Belgique.

5. Claire M., « Servir avec Dévotion : Un chemin de sacrifice et de lumière », Éditions Saint-Joseph, 2017, France.

6. Thomas L., « Les Trois D du Serviteur : Dévotion, Délicatesse, Dangerosité », Éditions Béthel, 2019, Suisse.

7. Marion P., « Devenir Serviteur : Dévotion, Risques et Fragilité », Editions Pèlerin, 2016, France.

8. David K., « Mission et Danger : La vocation du chrétien au péril de la vérité », Librairie chrétienne, 2021, États-Unis.

9. Isabelle C., « Le Serviteur de Dieu dans un monde en crise », Presses du Vatican, 2014, Vatican.

10. Étienne V., « Les Défis d'un Serviteur : Une vie dédiée à l'autre », Éditions du Sacré-Cœur, 2013, France.

11. Jacques A., « Un Serviteur dans la Tempête : Mission et souffrance », Éditions Charis, 2011, Canada.

12. Henriette D., « Sous l'ombre de la Croix : Le Serviteur face à la souffrance », Éditions Lumière, 2022, France.

13. Matthieu R., « Servir avec amour : La dévotion dans la mission chrétienne », Éditions Nouvelle Vie, 2020, Suisse.

14. Jeanne P., « Mission en terre dangereuse : Servir sous pression », Éditions du Bon Pasteur, 2018, France.

15. François T., « L'Art de la délicatesse dans la mission divine », Éditions de la Croix, 2019, Belgique.